『雨花英烈史料』丛书

雨花英烈文集

3

◎南京市雨花台烈士陵园管理局
雨花台红色文化研究院 编

南京出版传媒集团
南京出版社

图书在版编目（CIP）数据

雨花英烈文集. 3 / 南京市雨花台烈士陵园管理局，雨花台红色文化研究院编. -- 南京：南京出版社，2024.8

ISBN 978-7-5533-4817-9

Ⅰ. ①雨… Ⅱ. ①南… ②雨… Ⅲ. ①革命传统教育–中国 Ⅳ. ①D642

中国国家版本馆CIP数据核字（2024）第108442号

丛 书 名：“雨花英烈史料”丛书
书　　名：雨花英烈文集 · 3
作　　者：南京市雨花台烈士陵园管理局
雨花台红色文化研究院
出版发行：南京出版传媒集团
南 京 出 版 社

社址：南京市太平门街53号　　邮编：210016
网址：http://www.njcbs.cn　　电子信箱：njcbs1988@163.com
联系电话：025-83283893、83283864（营销）　025-83112257（编务）

出 版 人：项晓宁
出 品 人：卢海鸣
责任编辑：金　欣
装帧设计：张　淼
责任印制：杨福彬

排　　版：南京新华丰制版有限公司
印　　刷：南京工大印务有限公司
开　　本：787 毫米 × 1092 毫米　1/16
印　　张：16
字　　数：184千字
版　　次：2024年8月第 1 版
印　　次：2024年8月第 1 次印刷
书　　号：ISBN 978-7-5533-4817-9
定　　价：45.00 元

用微信或京东APP扫码购书

用淘宝APP扫码购书

“雨花英烈史料”丛书编委会

本书工作组人员

选　　编　郭　蕊

资料整理　唐阿兰

校　　注　方晓燕　李　勇　唐阿兰　许紫筠

统　　筹　向媛华　闫正伟

编写说明

1. 因作者文字水平各异，语言习惯不同，文章中有些词句略欠规范。为保持原貌，在不影响理解的前提下，对原文一般不作改动。

2. 文章中的错别字、通假字及编者的注释用［ ］表示。

3. 文章中作者本人的注释，用（ ）表示。

4. 文章中的缺字、漏字和编辑补充的内容用< >表示。

5. 文章中无法辨认的字，用□表示。

6. 一些文章中，“的”“地”“得”“底”“那”“哪”“他”“她”“它”“澈”“彻”等不分，为保持文章原貌，均未作改动。

总 序

雨花台，古称玛瑙岗，是坐落于南京城南的一处美丽山岗，也是自古以来为人吟咏的江南名胜。然而在新民主主义革命时期，这里却沦为阴森可怖的刑场，成为中国共产党人和爱国志士的集中殉难地，在此牺牲的烈士数以万计。

雨花英烈们牺牲时大多很年轻，许多人出身富裕家庭，受过良好教育。当他们救国救民的宏远理想与马克思主义所指引的科学路径、所昭示的光明前景不期而遇，伟大的信仰便在他们心底生根发芽，并在他们勇敢的革命实践中日渐坚固。他们在成长过程中、在革命历程中，曾写下了不少言语文字，包括遥寄思念的书信、记叙生活的日记、抒发情怀的诗词、陈说观点的文章。这些文字穿过腥风血雨、跌宕起伏的革命岁月留存至今，成为我们了解雨花英烈心路历程、提炼雨花英烈事迹及其精神内涵的原始文献资料，虽历经岁月洗礼，更弥足打动人心。

2014年12月，习近平总书记在视察江苏时指出："在雨花台留下姓名的烈士就有1519名。他们的事迹展示了共产党人的崇高理想信念、高尚道德情操、为民牺牲的大无畏精神。要注意用好用活丰富的党史资源，使之成为激励人民不断开拓前进的强大精神力量。"为贯彻落实习近平总书记的重要讲话精神，充分挖掘和利用雨花台丰富的红色资源，大力传承和弘扬雨花英烈事迹及其精神，南京市雨花台烈士陵园管理局组织专门力量，对关于雨花英烈们的原始文献资料进行了系统梳理和认真研究，汇编成了"雨花英烈史料"丛书，并由南京出版社出版发行。丛书包括雨花英烈家书、文集、诗词、日记等册，通过不同形式、不同体裁，还原了革命年代的历史画面和英雄人物的内心世界。丛书内容真实，条理清晰，是雨花英烈事迹及其精神的厚重载体，也是思想政治教育的生动读本。

伟大的事业需要伟大的精神。在中国特色社会主义进入新时代的今天，更加需要我们回望来路，感受革命年代的信仰选择和生死抉择，终身坚守和实践入党时的誓言。雨花台是中国共产党人的精神高地和信仰殿堂，雨花英烈们的英雄事迹则生动诠释了中国共产党人的初心和使命。在新时代传承好、弘扬好雨花英烈事迹及其精神，是我们义不容辞的政治责任。相信“雨花英烈史料”丛书的出版发行，能够不断丰富雨花英烈事迹及其精神的深刻内涵，让红色文化焕发出更强的感召力，激励广大党员干部不忘初心、牢记使命，以更新的精神状态向着建设“强、富、美、高”新南京美好蓝图努力前进，以更大的责任担当为党和人民事业不懈奋斗。

前 言

雨花英烈集书生与战士这两种特质于一身，生前写下了许多文章，承载了他们的学识才华、思想感情和精神品质，给后人留下了一笔珍贵的红色文化遗产。

这些文章具有鲜明的时代特征，蕴含着中国革命的历史。这本《雨花英烈文集·3》选编的18位烈士47篇具有代表性的文章，揭示了他们思想发展的脉络，折射出他们壮丽的生命历程。

阅读雨花英烈写下的文章，穿过历史的岁月，他们留下的激扬文字鲜活如初，明心见志。雨花英烈勇担民族复兴重任，不懈探索治国良方，李得钊在革命事业处于低谷时，仍怀着无比乐观的希望，他热情地讴歌并深信工农阶级终要取得革命“最后的胜利”。顾衡在曲折而艰险的革命征途上，时刻不忘“接近农工，深入农工群众”，在工农群体的实际生活里体验真正的革命需求，他始终坚信“最后的光荣总是临于最英勇的斗士身上”。罗登贤对中国工人阶级的力量充满信心，在《中国工人》卷头语中号召全国工人阶级“一致的组织起来，与全世界工人阶级佔在一条路线上，用自己的力量，推倒帝国主义及走狗豪绅资产阶级的国民党政权，建立工农民权独裁制的苏维埃政权！”敢于抗争、勇敢坚毅的孙晓梅从不惧怕物质上的困苦，在《我做了女佣》中强调，“精神上的桎梏，才是使人趋向坟墓去的暗路”，有志之士真正的责任，应当是在为大众谋利益。青年在革命年代展现出永久奋斗的精神，在《中国青年》发刊词中，恽代英呼吁中国的惟一希望“便要靠这些还勃勃有生气的青年”。邓中夏则鼓励青年群体：“青年们呀！社会之花呀！努力！努力！这是你们生死关头所在。打破这一关，前途便有无限的光明。”勇担使命、奋斗不息，中国共产党人在长期实践探索中培育的革命精神历久弥新、弥足珍贵，是激励党和人民攻坚克难、奋勇前进的强大精神力量。

文章千古事。《雨花英烈文集·3》展示了一代共产党人的信仰与追求、责任与担当、气质与情怀，闪耀着信仰之美、崇高之美，任何一次阅读，都将带给人精神的洗礼、人生的方向及真善美的启迪。

目　录

张霁帆…………………………………… 001

一个改造社会可能的办法……… 001

民团与时局（并序）……………… 009

保持品格的几个最低条件……… 013

侯绍裘…………………………………… 017

清高………………………………… 017

南洋义务学校学制课程的我见… 018

张应春…………………………………… 024

怎样可以补救我们年长失学的妇女们？……………………… 024

中山先生周年纪念在南京贡院讲演词………………………… 026

刘重民…………………………………… 031

中国政治状况…………………… 031

中国经济状况…………………… 036

许金元…………………………………… 047

自学问题杂论…………………… 047

文化震 ………………………………… **059**
江苏学阀之过去及将来 ………… 059
请看国家主义者在南京的活动 … 065
恽代英 ………………………………… **069**
一国善势力之养成 ……………… 070
共同生活的社会服务 …………… 075
未来之梦 ………………………… 080
做人的第一步——比研究正确的人生观还重要些的一个问题 …… 097
《中国青年》发刊词 ………… 100
预备暑假的乡村运动——"到民间去" ……………………………… 102
谭寿林 ………………………………… **108**
说名 ……………………………… 108
勤俭可以兴家论 ………………… 109
汉匡衡夜读无烛论 ……………… 110
论鸦片之害 ……………………… 110
陈原道 ………………………………… **112**
何必读书然后为学论 …………… 112
宋人助长论 ……………………… 113
游历说 …………………………… 114

张　炽……………………………………116

专门以上各校将招考新生所得的

报名费移助罢工同胞的提议…… 116

国内外大事纪………………………… 117

罗登贤……………………………………121

最近城市工人运动之开展……… 121

反革命统治下之最近职工运动

概况………………………………… 129

《中国工人》卷头语……………… 138

邓中夏……………………………………141

北京同人提案——为革命的德莫

克拉西（民主主义）……………… 142

我对于此次运动的全部意见…… 147

中国时局的大概…………………… 154

革命主力的三个群众——工人、

农民、兵士………………………… 158

我们为什么追悼列宁？………… 160

中国青年应该与“少年国际”

结合………………………………… 164

施　滉……………………………………170

唯真学会…………………………… 170

留美四年留欧一年的建议……… 174
顾　衡……………………………………175
你须知道自己…………………… 175
李得钊……………………………………196
一九二七年中国革命的回顾和
前瞻………………………………… 196
中国革命的社会主义前途……… 199
苏联共产青年团的概况………… 201
孙晓梅……………………………………209
我做了女佣……………………… 209
生活上的矛盾…………………… 210
任天石……………………………………212
常熟县人民抗日自卫会的成立… 212
一年来的民抗…………………… 217
骆何民……………………………………232
总崩溃中的经济紧急措施方案… 232

张霁帆

张霁帆（1901－1926），化名张慕鸿，四川宜宾人，中共党员。1921年春考入川南师范学校。1922年5月加入中国社会主义青年团。1923年7月起先后任团成都地委代理书记、委员长。1924年8月加入中国共产党，11月任团南京地委秘书。1926年3月任中共豫陕区执委委员，8月任中国共产主义青年团豫区执委书记，为响应北伐战争，积极开展农民运动。1926年8月前往上海向党中央请示汇报工作后，搭乘火车返回河南，途经徐州车站时，被军阀孙传芳部逮捕，解来南京，不久牺牲。

一个改造社会可能的办法

（1923年）

中国今天这样糟糕的局面，恐怕在全世界里也寻不出第二个来了。在这种局面里许多人提议的解决方法：有主张局部改良的；有主张根本革命的；有要改良教育的；有要发达实业的；有注重社会运动的；有注重政治运动的。这些不同的意见、都因各人的观察点不同、所以各个人的主张不一致。但下细考察起、却无一个切实能行可以根本解决今天中国祸乱的。这不是我过为高论抹煞一切；实在我觉得这一般谈改造问题的，大都忽于事实。他们虽晓得中国贫乱的根本原因在于兵祸的，他们虽谈起裁兵的方法，如：怎样筹款、怎样分配与退伍兵士；怎样发达生产事业以容纳退伍兵士，很能计虑周详，言之成理的。然他们对于怎样才能筹款？怎样才能兴起实业？怎样才能使军阀野心家把他们恃以为食人工具的爪牙裁去？却多半截略不加讨论。他们亦有人说要组织国民裁兵大会，要鼓吹舆论去督促实行，这一类的计划，他们却忘却了我们民国议员的选举票是几个誊录生关着门制造的，总统的选举亦是可以由个人勒迫议员以取得的。中国的人民若能团结监督政府、中国何至于乱到今天这样？！既因不能团结而闹到今天，却不首先请求人民如何可以团结的方法，如何团结才有力量的根本问题，而只顾讲团结了以后的办法，却是跳了一步，仍等于纸上谈兵的空文章。所以我敢断定他不能解决中国今天的祸乱。

然则不是莫有救治中国的方法了么？那却不然。我在这里试说一个粗浅而易于实行的方法请大家讨论。我不敢说这便是惟一的妙法，不过我想只要大家愿去试做总还有可入手的地方。我这话便是说要去救治中国须先从结合小团体，从一县地方入手。而此时即须预备改革的材料以便将来实行改革的基础。以后把我的意见、分别写在后面：

（A）我们怎样去结合团体？

无论他是觉悟莫有觉悟的人，总是一样的感觉军阀的蹂躏，土匪的拉搕，与谋生的艰难。他要不迷信他的痛苦是由于菩萨的降灾或八字的不好，他总容易晓得这个社会的万恶。他要不是甘愿作奴隶牛马任人鞭笞宰杀不要求一点人的幸福；他总容易肯努力去谋改造社会。所以在今天的中国求结合改造社会的同志，尤其是结合有志的青年谋改造与他痛痒相关的本地情事，是件最重要而最容易的事。不过这种团体须要用什么方法去结合去训练将来才能成为冲锋夺阵的劲旅呢？就管见所及，就有下列的几种方法：

（甲）结合时的选择

结团体的原因是为要合无数的同志分子而成一较有组织较强大的力量。那么我们这个组织的分子就应当都要道同志合才行。所以在结合以前须要审慎的选择人材，切莫与志趣不同的人勉强拉拢；更切莫因感情的融洽忽略了趋向的分歧。因为这样结合不惟使团体无力量，且常为他分裂的原因。

（乙）团员间的互相了解

同是团体中人彼此间都要相互了解，然后有短处大家才使设法匡救或容谅；有苦痛的，大家亦好设法救济或安慰，决不要彼此间有误会发生。才可以促进相互的关系，日趋密切。以后做起事来才能有很大的力量。换句话说每个人在团体中——至少——须以赤裸裸的心去对朋友，不使在这个团体中有隐秘不宣的事。

（丙）团员中修养人格的互助

我们要想有力量在社会上去做事、固然学识资格和耐劳奋斗吃苦等精神及其他各种能力是要紧的；尤重要的是要有特别的品性人格，在一切言语行为上要不苟且、对人处事要能合当，虽不说要使人一见倾服，至少也要使大多数人觉得自己不是怎样不堪才好。自己的人格能使人信仰，不但做事少生些障碍，更可多得些帮助。不然便会自己也不能立足于社会，还说怎样能改造社会呢？但人格须要有长期的修养才能成熟：尤其要藉朋友间互助的力量才易于成功，所以这是在团体训练时期最急切一件事。

（丁）团员的练习能力

我这说的能力，是将来直接在社会事的能力，所以不是在书本子或言语上能得来的，必要直接去办做事才能体贴得出来。故平时要注意寻做事的机会。服务的时候，我们要认定为要去得办事的经验而做的，所以无论这事的大小我们都要用全力去对付。因为要这样才能操练出本领去建设更大的事业。（如团体中人能同着去办，更可使彼此感情融合了解、而以后作事更能合手。）

（戊）团员间分工的认定

凡做一事必须从各方面做去，而团体中人的材能亦各有专长，所以我们有分工的必要。我们要先计划改造自己县中从某几条路入手，照这计划以预备做这几种事的人材。团体中每人预先要认定相当的责任去准备这种专门的智识。譬如本县宜于提倡蚕业或开丝厂，便要有人去进蚕业学校。县中有丰富的矿产未开，便要有人去进工业采矿学校。这是关于建设时最紧要的。我们须要早将职务认清将来才不致有临事缺乏人材的恐慌。

我相信在一县中只要有一个有训练有组织的团体，尽力向着一定的目标去进行，在十年之内便可将县中的事业整顿好，而且可以影响其他的人兴起仿效。现在中国谈地方事业首推江苏的南通，我也相信如中国的县分只要真有有志的人每县都能办到南通那样。

南通是张季直一人的力量用几年的时间便能办到这样的，难道张季直是生得有三头六臂的人么？我们十个百个都当不着他一个人么？要是这样我们只好做横暴者的食物了，而且就这样死了也羞愧啊！

（B）我们怎样去改造地方？

中国今天的贫穷，不是生产的不敷穿吃，是由于分配的不平均，财富生产机关被少数强有力的军阀富豪占据了，所以除了他们那种惊人的奢侈与饕餮以外，还有他们在外国银行里堆积着的金银，还有他们的家里臭烂吃不完的酒肉。土地的生产和金钱的数目都是有限量的，有了他们的这样的夺取，我们守本分的老百姓怎么不会饿死啊！

中国今天的扰乱并不是道德的败坏、人心的堕落，好当兵好当匪的人多了，是由于大多数人莫职业可做不能维持他的生活，所以才逼着来当兵当匪。莫得职业的原因一方是由于外国洋货的输入把从前许多本国工艺挤倒了；一方面是中国政府只知抢钱卖国媚外争权，做梦也莫想到提倡实业开发富源以维持人民生计，即偶有私人想要积资创办工厂发达实业，他们不但不能帮助，他们反要多方的摧残揢索。如派捐款，工厂禁兵，拉工人去抬枪弹，这都是他们使国人不敢兴实业的原故。

总之这都是军阀专横。他们既把人民的膏血吸枯了逼着人去当兵当匪，又肆行无忌的逞他们的暴力，防害国内实业的发展。

但是人民何以忍气吞声的任军阀们斩杀他自己呢？第一中国数千年的历史人民不曾参与政治，所以无研究政治的兴趣，不知合群监视政府的需要。第二自民国成立以来，政治不能公开，人民完全不知道政治对于他们是一种什么关系。第三大工业不发达，因而无团体的结合和训练，故无监视政府的能力。而一般社会运动者又不是想去利用现在的军阀官僚去改良政治的组织，便是□血气之勇想靠少数的力量去打倒现社会，完全不知组织群众训练群众的力量去推翻一切罪恶的根源，所以中国会像今日闹到不可收拾。

我们所结的团体都是本地的人，比较易于与民众接近，用种种方法去唤醒他们使他们知道害他们的是谁。但是徒鼓吹是完全无效的，最紧要的还是由地方公共提倡发达比较大的工业，这第一可以藉此组织群众训练之便成为强有力的政治监督者；第二可以安捶游民减少兵祸匪祸；第三可以抵抗外国资本家而减少国内个人资本家的产生，但这必定要先从改变群众思想入手，仗鼓吹的力量希望人照着去做固不甚靠得住，但是如先使众人了解赞同然后去做一种事，在消极方面可藉他的力量去抵御军阀摧残；在积极方面更可以引着他们向奋斗一条路上走来。这特别是要一种小团体在一个地方入手办起来才容易成功，今将小团体可以采用的进行步骤和办法规定一个大略出来以供商酌：

（一）求得地方的信仰和感情

在积极的一方面凡是关于县中公益的事，我们便要牺牲力量去办而不自矜其功。在消极方面我们要切忌以盛气凌人：要注重消极的个人和团体道德；对于旧道德旧制度勿徒作无益攻击，须在着力处去为些有效力的对付。

（二）改造思想

（甲）文学的鼓吹

如像现在各县旅省同乡会出版的刊物的办法，但是有几项要注意的：所取的材料的要是有关事实的，尤其是要与本地有关的，切忌集些不关痛痒的文，仿佛印刷那种无聊的诗文集，故意去犯作践字纸的弊病；第二对地方旧俗不宜纯取攻击谩骂的态度，如果真这些事是有害，那么我们的目的是在要把他取消，谩骂是莫取消的效能的。在地方作文字运动的人，几篇文章固然可以骂得莫人敢看，但这究竟有何益处？

（乙）口头的鼓吹

如团中人是在外面住学校，正好在暑期间去组织通俗讲演义务学校以鼓励一般人的思想：就是在平常与人谈话时亦留意鼓吹如诚实的宗教徒传他的宗教一般。

（丙）集合运动

于适当时期内召集各界的人作各种露天的民众运动，这件事有几种好处：第一可以利用群众心理使他们有深刻的影响；第二可使他们内有群众的集合而相信自己的力量；第三可以藉此种力量以警戒贪暴的官僚军阀。

（丁）办新书报借阅处或贩卖处

有些智识高点的人，他反对我们并不是他有意作恶，这是他的成见使他如此，我们所作的文字每没具有动这类人的力量，我们最好是使他得见外面有力的书报杂志，把他思想与他改变过来那有时反可使他成为我们很大的帮助。现在有些县城中创设那种装饰门面的图书馆完全莫有实用，我们要设立能使人民有便借阅或购买那些能生影响的图书的地方。

（三）准备改革地方的材料

（甲）地方各项的调查

这是为要了解地方切实情形，发现地方真正问题以决定将来进行时路径最重要的一件事。

（乙）注意得着各方面的帮助

凡关于经济力量和人材可作我们将来帮助的必须先要得他的信仰，然后有事做时不至感力量不够。

（四）实行改革地方

（甲）实业方面

如能由团体自集资本创办各种宜于本地的工厂最好。不然只要是首先得了地方的信仰，无论公款私款都容易筹集来先办一二种较小规模的实业，只要这有了成效自然容易推广。不过这中间有件事要注意的，我们的目的不是为替一二人赚钱，我们要注意利益普及于一般人。

（乙）教育方面

起初宜于用已办成的公立学校拿过来办，因为这一方面增长我们教育经验，可以准备为将来实业发达后普及教育的用，一方又可以在短时间内造些合用人材帮我们。

（丙）其他　斟酌地方的情形和自己的力量办理

中国今天的祸乱要先从政治上去革命或改良，非是不可，实是不能，我们岂可说像辛亥革命一样利用一时群众的感情破坏眼前的状况，但结果因下层没有民众的基础，终是无益的。但此时若说要下层一点一滴去将新社会建设起来，那又是难事。在这荆天棘地里面拿改良教育来说，学校校长和教员的位置已成了军阀们安置党人的地方，政局既风云变幻，学校的校长亦就暮李朝王，这如何能去改革教育？其他的事亦复如此。所以此时只有发达大工业藉职业团体为组合民众的基础，这样使他有了政治知识有了自卫力和反抗力。军阀自不敢专横；土匪自莫有了；国际的侵掠压迫然后有力量去对付。什么问题都可以从此解决。但是这非从一县的地方做起不可。有志改造中国的人，亦愿意从这条路试办一下么。

（原载《宜宾留省学会会刊》第1期）

民团与时局（并序）

（1923年）

今年川北和川南有几县的民团办得非常之好，不惟军队和土匪不敢在境内骚扰，就是过路的军队亦要得民团的许可才准通过。曾闻有军队某一团从某一县经过，有些士兵在街上拉夫，那县的民团就刻立不答应，拖出队伍来就开打，该团长赶紧亲来赔礼，并将所拉的夫子完全释放方休。于是一般想不出办法解决时局的，都以为有了这个力量，就可以为解决时局的入手处了，因此民团主义之声，遂大倡起来。我这篇文章就是将这个主张加番考虑。

中国的危险，尽人皆知是内乱的战争，不仅是一时的战争，而且是永久的战争。假如我们不把现在的局面根本改革过来，不仅是一时的不富不强，而且是永久的不富不强，便永久没有振兴的希望！

人都晓得国家的富强是要实业发达、教育普及的。但是纷乱的中华民国，恐怕再有本领的教育家、实业家，都会束手无策罢！现在的教育要想普及，必要有种种的设施，才可收相当的效率，不似从前的哲人教育饭疏［蔬］饮水单瓢陋巷便行的。目前教育的设施是怎样姑且不说，我们单看各处大学专门学校以及中学的教职员索薪的哀启［乞］，小学教员的穷像，就可晓得现在的政府对于教育的待遇了。从事于教育的人都自顾不暇，还能够怎么去提倡改良教育呢？所以便怪不得教育界的先生们敷衍了事了，至于希望也是同样的不可能，但是说到这里我就有四项要求：发达实业的有关系要素是（一）经费；（二）劳力；（三）经营的人材；（四）销售的场所。第二和第四项要素中国是不缺乏的，第三项是与教育有关系的，教育既这样可怜，人材从何而出？但其中最重要的还是第一项的经费，只要有经费其他的都不成什么问题，然而中国目前的政府，就是他们最紧要的军费，都全靠借外债来添补，至于私人的资本屡受土匪军阀和外国人的刮削，更是不能有为了。既是公私资本都完全没有，当然谈不上发达实业和振兴教育了。即或有点实业程度和教育经验的人材，亦只有去当流氓混饭吃，或者去造杀人的机械，那还存心去做那分所当做的事呢？教育实业既都不能发达，请问还有什么的希望！

中国这样富饶，何以会无钱办教育与实业呢？当然是由于军阀暴征滥用，和官吏无忌惮的侵蚀肥私所致，但军阀何以敢于这样的专横呢？又总不出下面几种原因：

第一，因为实业和教育都不发展，所以中流和下流无事干的人就多了，所以军阀容易，雇参谋书记，更容易招军官兵士。有了这些文武人材听其指挥，那么他便容易逞其私欲为所欲为了。

第二，不但军阀容易率人为乱，并且因谋生不易而所谓上等流氓又太多，故反有许多怂恿军阀作乱的人，不信看今日所谓聪明才智之士，有几个不去与军阀献殷勤效奔走；度其用意，还有惟恐天下不乱的希望呢！

第三，人民完全放弃主人翁的天职，不肯反抗军阀，亦且不敢反抗其原因，就是因为平时无团体的结合，并且常受军阀打击，所以人民竟如此的畏缩，因而军阀和那些为虎作伥的爪牙便肆无忌惮了。

自然，要想这些豺狼成性的军阀敛其凶焰，无异挟山越海的艰难，但是老虎都还有发慈悲的一天，可惜他左右那些攀龙附凤想升官发财抢饭吃的人总不容许他下台。我们看袁世凯想当皇帝不是上了那些想做亲王公爵的当吗？就我四川也不是有几位沐猴而冠的军阀，原来想俟包囊装满，即学桃源避世，坐享安荣。所以他们的宣言中常说“一俟大局平定，即行解甲归田。”但终久被人些怂恿，复作傀儡，不能自由去就。可恨这些抬轿的人始终不愿改业了，纵然这个坐轿的推辞不就，他又抬别个去了。像这样的循环，人们要想出平复战争方法，又在那［哪］里去找呢?

假如读者相信上面所说的话，就不妨在其中去搜寻出万病所伏的渊源，而讨论根本救治的方法，就明了而易着手了。

我们既知实业教育的不发达，多由于军阀的阻碍，军阀之所以能专横，是莫职业的高等流氓和下流阶级失业的人太多了，然军阀之所以敢于专横，却是人民太不过问他们干涉他们。其原因一方是中国人民从来莫得政治智识，不知政治与己身有利害的关系。但是近来受种种打击的影响，已渐就觉悟的了。而被打击之最大的原因，是由于人民不能干涉军阀，莫有干涉的力量。假如人民有了干涉或抵御的力量，至少可以保自己的财产和地方的□□为军阀掠去。那么，我们就不愁莫钱干正经的事业了。一方尽所有的财力去兴办实业教育，徐谋发展，以图富强；一方面又可以安顿许多莫事干的人材，使他不去当老虎——军阀——的翅膀，则军阀既慑于人民的反抗，而又少了一些干城爪牙，我恐怕他会不攻而溃。但是人民这种干涉和抵御军阀的力在那里才可得来呢？这便是这篇文章应讨论的中心问题。

现在有许多有势力才干的军阀梦想要用武力来统一中国，殊知结果与初念恰相反对，譬如以油泼火，泼去的油愈多，攻出的火亦愈大，这些蠢才［材］不晓得培植民众的实力作攻敌人的利器，所以终莫一个会成功！也是他们自取。然而又应当这样的，我们今天既知政府不特不能保护我们反转苛害我们，所以我们要自己起来培植实力去扑灭他们才是急不容缓的要图了。培植实力的方法，我觉得除非从提倡“民团主义”入手不为功，因为别一些人所倡的解决时局的方法，未尝不有些见地，然而总不是眼前的情势能着手实行的。民团不但眼前能办，更是已经办起的，而且所生的效验，在今日已经实现一些了（参看绪言）。有心改造社会□□团务的志士们，快立起直追于我们可靠的事业啊！

但在军阀势力蹂躏之下，百事难举，民团何以易于创办呢？第一，因为创团用不着几多经费，如抽门户练丁的办法，“无事散之田间，有事归入行伍”，所用更是简单捷便，即或小有粮饷的消耗，亦是落在本地人手里不算亏损；第二，办团能防土匪，能应富绅的要求，故筹款购枪比军阀筹款较容易些。

但是必有人要问民团是否都靠得住能抵敌军阀？那么，谈到这方面就要看办团的目的是怎样了。假如办团是为军团赶山，或许是为诈索乡民的钱财，以养自己的尊荣，这样的团练连土匪都不能御，当然奈军阀不何。但是只要办团者的目的是真正的要解除人民的痛苦，我想抵敌军阀是已能的事。现在的军队，不过像纸老虎一般的，只有他们自己狗打架一般的战争还可多顽几天，如与有纪律有训练的民团相战，那我可说必定要望风逃遁，因为他们的队伍，都是以利结合，换言之，就是因眼前有利，才暂时合作，如升官发财的希望莫效验了，他们自己都要不攻而自散。我们抽门户壮丁创办民团，购置良好枪枝，且教以军事上必要的知识；此项民团能普及全县，有连合互助的组织，还有什么军队敢来干犯呢！如闽省云霄等县的乡团，不是曾经几次驱逐过乱军么？

还有一点我特别提出使大家注意的，就是民团有在声势上可以战胜军阀的地方，军阀就是土匪，这种说法，无论谁人都是赞成的，但是名分上我们还要听从土匪式的军人的号召，还要承认他什么官，什么长，什么司令，还要纳税缴粮与他们，这是什么原故呢？因为我们自己不会管自己的事，所以落得他们随便贱，雇几个人不像人鬼不像鬼的——在门口挂一块牌上写着什么学校什么公所的房子里住着，他就说在替我们办教育实业。所以也就公然有词可托来向我们要钱，把那日食人民赋税的兵丁，来替我们清乡逐匪，也要清乡费若干保商费若干，假如我们能自己打土匪，兴实业，办教育，组织各种办事机关，军阀还要来问我们要钱，这岂不成了名正言顺抢人的土匪了么？以堂堂正大保卫治安的民团，去征伐强暴无道妨害人群的土匪——军阀——真有如破竹势易了，我们还顾忌什么！

真正办团的人们！要晓得不把军阀推倒，土匪是不会消灭的；（参看第三节）我们不速筹普及民团和联合各县民团的办法，终会被军阀土匪淘汰的。我们要想免去我们的危险，要想保全人民的幸福，赶紧普及民团大家联合起来打倒土匪和军阀才对啊！

一九二三·十·十七·二·于成都

（原载《宜宾留省学会会刊》第1期）

保持品格的几个最低条件

（1924年10月13日）

我们都晓得我们应当努力去做一个好人，但是竟有令我们力不随心，保障不住自己品格的纯洁而成为坏人的时候。不信，试看我们所鄙弃不堪的一些无品格的坏人罢，他们为什么要损人利己？他们为什么要献媚乞怜？他们的热血为何会冷到冰点？他们的良心为什么会丧得全无？但是我要请问疾［嫉］恨他们如仇敌的朋友们：他们是天生的坏种抑或是未受好教育的原故？若说他们的劣根性都是从先天带来的，何以作恶无耻的行为多出于涉世已后的人，不见他在小孩子和青年时期便这样坏？若说他受的教育不好，但我们敢说自己受的是好教育么？我们还敢担保一定不作坏人么？况且这些坏人的当日何尝又不是像我们现在一样爱惜品格，要想做一个好人为社会做一点事业呢？我们假使仅仅晓得应当做好人，假使仅仅晓得骂别人的品格卑污而不晓得别人所以卑污的原因以为自己前车之鉴，又几何不至“后人而复哀后人”啊！

我们一定要使我们品格的纯洁永远坚定，我们刚健不屈坦白无私的精神才能永远存在，才能担当改造社会的巨任，才算得是个好人。但决不是说我们应当做好人便是好人了，必要办到几个条件才能保持得住品格；自然保持品格还有不少重要的修养，现在我说这是至少应当做到几个最低限度的条件：

第一生活的需要减到最少。我们生存一天便不能省去一切生活的需要，在社会上取得这种需要也是应当的：但是这种需要的要求如过多了，在取得时便感觉艰难，艰难而不得便会用苟且的手段去取得，于是品格便因生活需要过多而破产了。譬如一些为要官做而谄谀显贵和倾轧他人的人，他未尝不知谄谀倾轧是不好的行为，他未尝不可饱食煖衣无怨无求作个淡淡泊泊的清洁自好者；但是他生活的需要超过饱食煖衣以上，他还想要美丽的姨太太，精雅的洋房子，漂亮的衣服，可口的饮食……所以他便不能保全他的品格和作一个清洁自好者。维持生活的需要诚然是必要的，但维持生活以外的需要却是可以减少的。我们每于不自觉时把些可以减少的费用认为生活所必要，以后成了习惯上的自然，便要想减少亦不能了，这实在是我们品格上的大累。即幸而不致到前所说那谄谀倾轧的地步，也会把有用的精力消耗于攫取金钱的上头，因而放弃了良心上的责任，荒废了精神里的园土，这也是人生重大的损失啊！所以我们为要保持品格或保全生命的实力，在消极方面便是此时应当把生活的需要减到最少；即是凡在自己再用钱的时候便问："这项用费一定要用么？不用便不能生活么？"如得着答按是："否！"那么便无论如何忍耐都把要用这项钱的动机捺下去。在积极方面还要操得两种功夫：一是"耐劳"；二是"吃苦"。

第二是将来的欲望缩到最低。我们仅仅把现在生活的需要减少了，对于将来的生活还抱着满腔的奢欲仍是不对的，像那种为"千钟粟，黄金屋，颜如玉"而刻苦读书的，我便劝他宁可不必刻苦，不必读书的好。或者说我们在可以办到的范围内立个欲望的标准，达到这个标准后便一无所求的为社会干事亦不可以么？以我说最好是此时便一无所欲的好；但是清心寡欲的功夫很困难做到的。然而为要保持自己的品格，却不能不把欲望缩到至低的限度——最多不过在必要的范围里，悬一个于很短时间用很少力量达到的标准。因为人是容易为欲望所支配的，品格更是容易为欲望而牺牲的。如欲望的目标太远大了，达到这个目标的时间便长久；在这长久为欲望而奋斗的期间，我们的危险就多得很。我们保得住在长久的时期中，不因为要求欲望的速于满足而迁就苟且以丧失自己的品格么？我们保得住在欲望满足以后不麻木么？或者又有新欲望发生么？而且在这样物质艰难的中国社会里，有什么把握能以正当的手段满足欲望啊！

第三生活的技能操到最好。我们仅仅消极的把现在的生活减少，将来的欲望缩低还是不够的，因为在至少至低的限度还是要生活，还是有欲望，我们如没有可以取得最少生活和满足至低欲望的生活技能，我们还是会走摇尾乞怜谄谀倾轧的那条路。改造社会的事业不完全便是自己谋生的职业，我们将来无论干什么，不干什么职业是要求得一个的。职业对于人的正当不正当便是看操职业的能力是否相当；没有相当的能力而强得职业，便是非分妄求，没有相当的能力而竟得职业，便是滥竽充数；这都是保持品格的人不应有的。所以我们一定要把对于一种职业的能力——即生活的技能——操到最有把握才不致有陷于非分滥竽和其他对于人格上的危险。但是这绝不是说一个人完全要竭毕生精力来消磨于生活的技能之中，因为人除了穿衣吃饭总还有其他应做的事，我们不应而且亦不必竭毕生的精力消磨于生活的技能中；不然与那为千钟粟，黄金屋，颜如玉而刻苦读书的何异？

我见着不少的青年，他们的志向非常的高，爱惜自己的品格非常之甚；然而他们却忽略了克制他们物质的奢欲和磨励他们生活的功具；尤其不知节制他生活的奢侈，我觉得这是太矛盾的行为。至于那些满腔兽欲，一事不修，非漂亮的装饰不穿，非精美的饮食不饱，而又高谈改造，漫诩清高的先生们，劝你们休息了罢！

（原载《教育与人生》1924年第2卷第52期）

侯绍裘

侯绍裘（1896-1927），字墨樵，江苏松江（今属上海）人，中共党员。1918年考入上海工业专门学校（前身为上海南洋公学，后并入上海交通大学）。1923年加入中国共产党。1925年8月任国共合作的国民党江苏省党部常务委员，9月任国民党江苏省党部中共党团书记。1927年3月任上海特别市临时市政府委员。1927年4月10日夜参加中共南京地委紧急扩大会议时被捕，数日后牺牲。

清　高

（1919年8月5日）

中国人有两个旧思想。最是害人不浅的，便是“荣利”思想和“清高”思想了。这两个思想原是绝端反对，冰炭不相容的，但是他的害人，却是相仿。不过“荣利”思想的害人，人家晓得的多，我亦不必说他。“清高”思想的害人，人家非但不大晓得，还当作他一件好的事情。大概中国人所说的“清高”，并没有什么别的意思，不过是吟诗、饮酒、弹琴、下棋罢了。有时还要去嫖嫖娼妓，只须你不去做赚钱的事情，便可算做“清高”。至于你的用度，从那里得来的呢，就不必问了。并且“清高”思想所反对的，却并不是赚钱，却是做事。一个人若然去做社会上的事情，就不赚钱，也要被人看作俗人。一个人若不做事，就是做个诗文乞丐，向各处打打秋风，养活他的一家八口，也不失为“清高”。所以纨绔子弟，靠了祖宗的遗业，在家里坐吃，也是“清高”。贪官污吏刮了半世的地皮，后来告退了，去享他下半世的福，也是“清高”；这样的“清高”，什么人不想。中国只吃饭不做事的人，所以这样的多，也就是受了这“清高”思想的毒。甚至统兵官吃足了饷，不去打仗，也有说他“清高”，岂不可叹么！

（原载《南洋周刊》1919年第4期）

南洋义务学校学制课程的我见

（1924年）

南洋义务学校，曾在本月二号开校董会，议决了许多案件。其中有一件，学制课程问题，是最难解决的一件；因为这须根据了经验，再加以充分的考虑才行，不是单凭理想所能一时决定的。所以那时虽议了一下，只暂时决定把该校当局所提出来的略加修正了试行起来。至于确定的制度，就保留着让大家细细考虑，下次董事会再议。

我回来以后，就把这事细细考虑了一下，略有一些成见，惟因缺乏调查统计，又因和义校现状到底有些隔膜，所以有几部份根据，是否稳固，还未能断定。可是该校现要出一期特刊，索稿甚急；不得已且把这无根据的意见，先提出来供大家的批评，缓日再当调查事实，搜集统计，再参酌该校当局的经验，加以详细的论列，或加以修正。

要决定学制，第一先要问义校的目的是什么？要照当初创办时的动机，天然是灌输国民常识。而我个人的意见，也始终以为应当如此。先前该校曾出过一期特刊，我在其上面有过一篇南洋义校宗旨的规定，我现在还保守着这个意见，而我在那篇文字上，对于义校的学制也曾有过一些意见，也是根据于上述的目的出发的。现在目的既未变，对于学制的意见，天然也是大同小异。只因我从前定的学制，也是无实验的根据的。所以在上次校董会时，我也不曾敢武断的提出，这因为在事前不曾加过一番讨论，临时提出是很难有好效果的。而我上述的意见，似乎大家还没有考虑过，讨论过。不过既未讨论，虑考，一定可行，固不敢说；而一定不可行，也未见得。所以我回来再细细把他重加思量，觉得没有在事实上有证明他不可行以前，我的意见似乎还可成立。所以再三考虑的结果，还是用我的老主张，只略有一些改动吧了。

现在且让我把我意中所欲定的义校宗旨重录出来："南洋义务学校以招收成年学生，给于速成教育，与以人生所必需之知识，养成健全之国民，并使成为社会运动中之中坚人物为宗旨。"

这条宗旨，除了末一句稍觉夸大，难于达到。不妨删去外，前面的几句，我始终认为义务夜学校应当如此的。

宗旨既立，从此出发，可得下列两原则：

（一）以收成年人为原则；收儿童为例外。

（二）以给与国民常识，及人生所必不可少之普通知识为原则；以职业上之知识，及较高之程度为例外。

本于第一原则，我不以现在暂行学制之兼收儿童，而且特设儿童部为然。本于第二原则，我不以厨役校工分部，及设特别专修班为然。并嫌年限过长，而且还主张取消英文一课。

现在且说我的学制主张：

我的主张，和从前大同小异，上面已经说过了。本来前次所定是无事实上的根据的，但现在也还没有试验过，仍根据。何以要把他改动一些呢？这我可以说："仍然是主观的觉得如此，或者略带一些客观。"那是从景贤的成年补习科得来的。此外还从各地的平民教育运动，也得到一些参考。总之我希望我的意见，得有施之实验之一日。无论是好是坏，总有个结果。可以依据着修正。或再订，现在只好凭空想来定了。

我意学制期限，共是三年。（比前定的多一年，因为觉得恐怕二年不够；但这须待实验而定。如能短，愈短愈妙。总以普通人生必要之常识具备为准）。分为三期。（这也和前不同。为的是段落较多，则虽有不能继续全期的人也多少得一些而去。而且来的人兴处当较好，不致觉得学成之遥遥无期而吓退）。第一期，为识字班，半年。第二期，为国民常识班，半年。第三期，为普通常识班，二年。（如可能一年最好）。以下或可设专修班，也可平行。设特别班，须看可能或需要的情形，而定这是例外，不是原则。除非必要，不设为是。

现在且将三期的办法，课程，程度标准等等，一一论列如下：

识字班期限半年，课本用平民千字课，每晚一课，计十字。一学期定可授毕。（平民识字运动中，均定为四个月。那么，半年已多。如有余时，可多设练习，并酌授信札等）。所收学生，可不论成人儿童，亦不分校工，厨役。如现在的办法，凡识字不满一千者，尽编入此班，（试验识字是否满千之法，可于陈鹤琴等所编之通俗字汇之最通用千字中用偶然法，选六十字。譬如每间十七字选一字。再在次通用之字中，每间十七字选一字。共选四十字，合成百字令识。凡能读其音，并举其意义之任何一个者，为识得。须识得六十字为及格）。每晚上课须二点钟。（一点钟太少，因人家特地来，不合算。南洋义校，究因以附近市民为主体，校工甚有限。一点钟即识字，其他一点为演讲。须讲最通俗者。应预先拟定讲题，最好。并略有摘要，排定次序。每晚讲一篇，其题大概不外卫生，破除迷信，爱国等等。识字一科，最好由一个教师教。但即二三个教师轮教，也不妨。南洋同学功课忙，想未必有人能天天担任。至演讲，则更何妨数人分担。儿童听不懂演讲，可免。校工，厨役每天只能上一小时，课亦可免其听演讲。一学期终了，凡识字及格的，不论免听演讲与否，均给予识字国民证书。（听演讲者，并另行注明）。告一段落。如不能再读，至少亦已识字了。我所以要这样定，就为能和各地现在举行的平民教育运动一贯，成一个统系。不过别的平民教育，大概只做到这一步；而我们尚可进步罢了。将来上海平民识字运动实施后，（这我们本也拟定要举办的）。无论在那里受识字教育者，均可和我们这识字班同程度，也可插入第二期了。

第二期，我暂叫他为国民常识班，这名字也许不妥，请大家斟酌改定。期限为半年，只收成人，不收儿童。但如教室有余额时，也不妨许儿童旁听。如有程度能追随得上，好学而不妨碍成人听讲，数星期后也可编入正式生。至妨碍他人的，随时可拒绝其来校。若虽不扰乱而程度追不上，学校也不为迁就，只能始终让他旁听，不负责任。若入学者增加，至名额不足时，旁听者得随时令其退出。总之，在不妨碍成人求学的范围内，也得收儿童，决不可屈成人以就儿童。这是我以成人为主体的主张。自取入的程度，凡成人得有识字国民证书者，均可取入。无此证书者，先经试验。如能识千字即补给以证书。

许其入学。其课程为国文，常识，算术。国文应偏重尺牍，应用文等。但仍须多授关于人生等问题，简易之论文。常识重国民常识，除破除迷信等，仍须讲授外，对于国家政府等，须多授。关于科学的，可略授风雨等说明。算术学完加减乘除。如有余时，能授一些小数，简易诸等，简易百分最妙。因为适于应用。珠算，也要教的。（董事会定的标准，初级国文只须识千字，能作简易文字，不致令人不解。而数便须学到命分，未免太不相称。）这一期每晚授课二小时，是均不能免的。校工、厨役如每晚只能上一点钟，可上国文。但不能给完全证书，也不能升学。如要升学，须再补修一学期。常识数学能应试及格，也可补给。要免除这个困难，我以为第一第二期，应每学期开班。这一期的毕业证书，可名为健全国民证书。（这也是我假定的。）又告一段落。这时至少有一些国家观念，不是完全懵懂的人了。

第三期可名为普通常识班，期限暂定为二年。这一期的程度不同一些了。不单是一些，基本做人的道理，并学一些科学常识等了。入学资格，为第二期毕业证书，或试验及格。天然更只收成人，不收儿童。但第二期的办法，也适用课程，和我从前所主张过的学制差不多。国文每星期六时，内容重人生问题，社会问题等。形式记叙，议论。各种都备一格，并参以应用文。数学每星期二小时或三小时，教至命分，比例为止。多做应用题。略授用x解，问题法；开方，级数，可不教，我觉已经够了。常识每星期四或三小时。自然有动，植，矿，生理，卫生等。动植重进化及应用，矿重应用，生理卫生特别注重。理化亦主应用，及于常生物有关，及在大家经验中者，如电灯，汽车之说明等，应较多，还有气象应十分注重；因其与日常经验最有关。史地偏重本国。公民应特别注重。以上都是正课。但应需要也得设并行的选科。譬如商业选科，工业选科。除国文一律必修外，入商选的。可不上正课的常识，数学，而另习商业道德，商算，（包簿记）商业文件等；入工选的，可另习工业算数，几何初步，用器画等。至于校工，厨役，止能上一小时，则只能一年的课程分二年读，没有别法。凡习满正课的，给与假定为优秀国民证书。习满选科的，假定给与优等职工证书。凡校工等，习过一年国文，假设不愿补习常识等也可给以修业证书，不过不完全吧［罢］了。

以上所述，一个统系已完全。英文始终没有；如有需要，经要求的人提出非常正当之理由，（不是要去做西崽）。而他又是第三期毕业之好学生，人数满若干一定数目以上，索性开特班好了。

忽忽间草起来的，自然不能完备。只因付印时期已促，不得不先发表出来再讲。以后自当细细的再订定过，望有关系的阅者，快快地起来讨论，省得我有误谬的地方还不自觉，徒劳去考虑它，一无用处。如万一有可取之处，也求大家指出，或者可以采用。

一九二三，十二，廿三于松江景贤女中

（原载《南洋周刊》第3卷第15号特刊）

张应春

张应春（1901-1927），女，原名蓉城，字秋石，江苏吴江人，中共党员。1922年毕业于上海中国女子体育专门学校，后在松江景贤女子中学等处任教。1925年8月任国民党江苏省党部执行委员兼妇女部长。1925年11月加入中国共产党。1927年4月上旬到南京从事革命工作。1927年4月10日夜参加中共南京地委紧急扩大会议时被捕，数日后牺牲。

怎样可以补救我们年长失学的妇女们?

（1925年7月1日）

我在没有说到正文以前，先要请求读者诸君答应我一个条件：就是要恳求读者诸君，看了我这篇文字以后，去详细地告诉给失学的女同胞们听。才算不负我做这篇文字的工作，才算是您们看这篇文字的功效！何以我要这样的请求您们呢？因为我深知失学的同胞，一定看不懂这篇文字的。那末我要想使她们知道，非用间接传达的方法不可。所以不得不先来请求读者诸君，要诸君原谅才好！

我们中国女子几千年来，因为受那“重男轻女”的风俗暗示，迷信着“女子无才便是德”的古训，使我们女子“天赋优美”的性质，不能发展。压迫到现在，束缚已达了极点。国家社会方面应负的责任，都被男子们包办了去。甚至家庭内应有的主权，也被男子们剥削净尽了。我们女子只有样样色色去依赖着男子，服从着男子。随便一些些的事情，也不能自己作主，吃了不知多少的苦楚！

现在潮流变换，教育事业，一天兴盛一天。我们青年的女子，居然能够同享其利，这是何等的幸福？然而检查教育统计表上，女子入学的量数，和男子相差的多哩！这一层我们不必去谈他。只要青年们自己在家庭里争得到身体自由权，和男女平等待遇的条件，就不怕没有求学的机会了！

我现在要讨论的，是已经失学的年长妇女们，在教育上的补救问题。和前面所说的，有些不同。讲到失学的女同胞，所受的痛苦很多。我想已经失学的人们，早都直接受到，不必我来再讲。那末补救的方法，有没有呢？我想当然可以有的。现在各处的妇女学校，专为补救年长失学妇女而设的，虽然不多，倒也可以指得出几所。但是这种妇女学校，都在别处，不是我们黎里的年长失学妇女们所人人能够进去的。——虽然有少数人很可以进去——因为一般年长妇女们，多有家事，不便远行；而且困于经济，限于年岁，有种种的不方便。所以这几所别处的妇女学校，对于我们黎里的一般年长失学妇女，可以说是没有多大关系的了。要补救黎里的年长妇女，非在我们黎里地方创办一所妇女学校不可！非我们已经受过教育的女青年，出来大声呐喊不可！因此我现在到本区区教育会，和国民党区党部里去请求，有创办暑期妇女学校的提议。蒙许多同志的赞助，已经可以成为事实了。这个学校的本旨，既然是补救我们年长失学妇女的，所以所选的教材，都是实用而浅近的书本。所请的教职员，就是本区的几位女教师。除了把人生必要的学识，灌输到女同胞的脑子里去以外，并没有别种作用。希望我们失学的年长女同胞，不要观望不前，快快觉悟！快快来进我们的暑期妇女学校吧！！！

时机难得，一去不还。不要错过这机会呀！

一九二五，六，二八，于黎女校。

（原载《新黎里》1925年7月1日）

中山先生周年纪念在南京贡院讲演词

（1926年）

诸位同胞！同位同志！

今天是什么日子，今天开的是什么会？我想不用我再讲，因为大家都知道的了。大家都知道，今天是纪念我们国父逝世的日子。我们的国父孙中山先生，是始终为革命而奋斗，而致病，而卒至于病殁在北京的。今天是他逝世后一周的纪念日，所以我们要开这个纪念会，来表示纪念和哀悼。但是我们要明白，我们纪念孙先生，不是随随便便，开了一个会，就算了事的。我们所以要纪念他，就是纪念他的精神，和他遗下来的事业。我们要年年月月日日时时的想着他，要继续他的遗志，而努力奋斗！

我们知道孙先生的精神是革命，孙先生遗下来的事业，就是国民党。孙先生的革命目的，是要打倒帝国主义，打倒军阀，实现他所主张的三民主义。三民主义，就是民族民权民生三大主义，所谓民族主义，是主张中国民族的自求解放，和国内民族的一律平等，还要扶助其他弱小民族的解放，换句话讲，就是要求“国际平等”的主义。所谓民权主义，是主张除了反革命派和卖国贼以外，大多数民众，尤其是工农民众，都能掌握政权，取得言论，出版，集会，结社，罢工，种种的自由，以及选举，创制，复决，罢免等权利，换句话讲，就是要求“政治平等”的主义，所谓民生主义，就是从“节制资本”和“平均地权”两个办法入手，使得人人都有衣穿，都有饭吃，都有房子住，都有很好的道路走，换句话讲，就是要求“经济平等”的主义。总而言之，孙先生的主义，是代表被压迫阶级说话，去向压迫阶级宣战的。所以全中国的被压迫阶级，都应该崇拜孙先生，纪念孙先生，继续孙先生的革命事业。尤其是我们女子，也是被压迫阶级的一部分，而为孙先生所特别援助的。因为孙先生在国民党的政网上面，规定“于法律上，经济上，教育上，社会上，确认男女平等之原则，助进女权之发展”。诸位同胞们，姊妹们，大家想想着，孙先生对于我们妇女，看重到怎样地步呢？我们女子是不是应该加倍的纪念他，继续他的遗志而努力！

前年孙先生在北上的时候，就提出两个口号来，（一）废除不平等条约，是表示反抗帝国主义的意义，也就是完成民族解放的方法，（二）开国民会议，是要国民直接顾问政治，也就是民权制度的实行，在孙先生提出这两个口号来的时候，是十分有意义的，可是诸位同胞！我们知道这两件事情后来的进行怎么样呢？唉！可杀的段祺瑞，他用“外崇国信”四个字来替代了废除不平等条约，更用强盗分赃式的善后会议，来替代了国民会议，把孙先生的主张，在事实方面完全取消，真是一万分的荒谬。尤其是可恨可恼的，就是由他们强盗分赃式的善后会议里面，规定了冒牌式的国民会议的章程，在那章程上面说：“凡中华民国之男子，年满二十五岁，而具有相当之知识者，得有选举权和被选举权”。唉！同胞们！姊妹们！大家想想看，我们女子是不是一个中国的国民？我们女子是不是人？我们女子是不是中国人呢？当然是国民的一部分，是中国人的一部分，是全中国二分之一的民众，是建设国家的重要原则，是中国的主人，也是全世界的主人吧！但可杀的段祺瑞，竟敢制定这样的章程，来侮辱我们，来轻视我们。喂！我亲爱的姊妹们！我们应该怎样对付他呢？我们应该努力的团结起来，向孙先生指导我们的路上走，我们要继续孙先生革命的精神，我们要参加孙先生遗下的事业——国民党，我们要不顾一切而奋斗，我们要牺牲生命而从事于革命。我们必须这样，才能够打倒可杀的段祺瑞和一切的反革命派，才能够召集真正的国民会议以实行直接的民权政治，才能够废除不平等条约以完成中华民族在国际上的独立和自由。

但是，还有孙先生的民生主义呢？孙先生对于民生主义，是特别注重的。他的两个重要原则，是“节制资本”和“平均地权”。他的口号，就是拥护工农阶级的利益。他在国民党第一次全国代表大会宣言上说：“盖国民党现在正从事于反抗帝国主义与军阀，反抗不利于农夫工人之特殊阶级，以谋农夫工人之解放。质言之，即为农夫工人而奋斗，亦即农夫工人为自身而奋斗也。”那不是讲得明明白白吗？照中国现在的情形，经济制度不平等，大多数的工农阶级，衣不得蔽体，食不得果腹，一天一天的困苦下去。只是最少数的军阀，官僚，买办阶级和土豪，他们却尽量的快活而享乐，他们每天到晚的打麻雀，吃大菜，坐汽车，甚至于纳妾呀，嫖妓呀，他们倚恃着经济的权力，来污辱我们女子的人格，他是何等的不平。这是何等的可恨。所以孙先生要起来提倡民生主义，拥护工农阶级的利益，使一般的工农群众，都得着经济的自由。同胞们！

姊妹们！我们天天嚷着革命，并不是为我们知识阶级和小资产阶级自身的利益而革命，我们要为大多数群众工农的利益而革命，同时也要唤醒工农群众，组织工农群众，使他们为自己的利益而革命。要知道大多数群众的利益，才足以代表全民族的利益呀。还有，我们要确定男女平等的原则，我们并不是单调的为家庭里面太太奶奶小姐们，为学校里面校长教员学生们的利益而奋斗。我们要顾念到工厂中的姊妹们，我们要顾念到农田中的姊妹们，所以我们对于孙先生的民生主义，对于孙先生拥护工农利益的政策，我们要特别的纪念他，我们要特别的继续他。

孙先生伟大的人格，孙先生伟大的历史，我们讲一天也讲不完他。我们今天所要注意的，只是孙先生的精神——革命，孙先生的主义——民族，民权，民生。孙先生遗下来的事业——国民党。我们对于这三点，须要有真确的了解。诸位！我们在今天是纪念孙先生了，但是不要过了今天，就忘记了孙先生，忘记了孙先生的精神，忘记了孙先生的主义，忘记了孙先生遗下的事业。我们要知道，孙先生是革命的领导者，是民族解放的领导者，是民权解放的领导者，是民生解放的领导者，尤其是主张在法律上，经济上，教育上，社会上，确认男女平等的原则，助进女权发展的第一伟人。我们女子，要对得住自己，要对得住孙先生，一定要从今天起，参加国民党，参加国民党的国民革命，我们要加倍的努力，加倍的奋斗，完成孙先生未竟之志，使中国的国民革命，在最短期间成功，更进而参与世界革命的事业。我们才不孤［辜］负今天的纪念孙先生，才不愧为孙先生真真的信徒！

诸位同胞！诸位同志！我今天是特地来纪念孙先生的。到了此地，听了许多同志的演讲，已经觉得悲痛到异常了。但是我因为胸中尚有积闷，故上来讲了这一番话。现在时间已不早，后面还有几位同志要讲哩，我就不多讲了。希望诸位同胞和姊妹们，努力的和我们合作，大家站到革命的旗帜下面来，解放自己，解放全中国被压迫的民众！

（原载《吴江妇女》1926年第2期）

刘重民

刘重民（1902—1927），原名刘盛宝，江苏江都人，中共党员。1922年考入金陵大学。1923年加入中国社会主义青年团。1924年加入中国共产党，年底任国民党中央上海执行部宣传部干事。1925年1月出席中国社会主义青年团第三次全国代表大会，9月任中共上海区委军委书记。1927年初任国民党江苏省党部执行委员、工人部长兼秘书长。1927年4月10日夜参加中共南京地委紧急扩大会议时被捕，数日后牺牲。

中国政治状况

（1925年10月10日）

十四年的民国，是接着十三年的下季变化而发展的，十三年下季情形，本是曹锟当国，吴佩孚雄踞洛阳，北方各省，除了关外的奉张而外，尽属直系势力。在南方，虽是中山先生在，却并无什么发展。后来苏齐受了洛吴的指使硬借臧杨问题想赶走不就范的浙卢，于是掀起东南大战争，一方因三角同盟关系，连及而发生西南东北之战，结果终因冯胡之倒戈，曹吴势力瓦解，中山先生只身北上，段祺瑞入京就临时执政。直到现在的形势，都是接着这些起来的。

一、外交情势

英国势力本是素来左右中国一切，东交民巷的英公使馆，直是中国的太上政府，可是自从其工具——曹吴辈瓦解，在北方一带暂时失了根据，而一变为日本的势力占了优势，然而因为鄂萧，浙孙等余孽的存在，长江及南方一带隐然仍旧是英国势力范围，于是英日势力的竞争，在中国乃入了短兵相接的时期。本来欧战后，英国急于排斥日本势力，力图恢复其中国势力之旧观的时候，曾利用新兴而富有的美国与之成为盟立国的形势，但是去年英国的新加坡筑港计划之发表，和今春美国的太平洋海军大会操，英美间暗中起了极大争潮，英国最近乃又一变而大鼓吹其形式上的英日携手，其实英日势力之冲突，暗斗正甚，日之于英，正复与英之于美一样。中国外交情势，当然是照着惯例随了他们的明争暗斗而变化，其情势于五卅事件之发生表现得最明显。五卅案件谁都知道是由于日纱厂枪杀中国工人而起，当然日人脱不了关系；然而案件发生之后，日本急想乘此根本打倒英国在华势力，乃一面用其外交手腕，附和派员参加所谓六国委员的调查团，以表面见好于英人，俾不破其携手的假面具，一面则□力利用新闻的宣传政策，声明为英捕肇事，与日纱厂罢工问题截然两事，日人毫无干系等鬼话，以便转移国人目光专力对英，他却乘机取巧利用日侨等与中国商会，少数大资产阶级买办等之假意联欢，说些甜言密语，缓和当地民气，终是他最偷巧，七拉八扯的利用着他们的走狗式的中国官厅，硬将日厂问题提先单独解决了，却将担子统请英国去挑。美则故意若即若离放些空炮，讲些好听的话，有时也附和着英国去跑，然而最近对于关税会议，却是有摆脱他人势力自己打定主意去做的情形。法国本早为了欧陆许多问题，和英国不睦，自从非洲的里孚人发生了反抗法西战争而后，英法之争愈显，所以五卅案件发生中间，确会和英国在中国的南方联合压迫一次，可是大体法却是告奋勇的主张公道似的，什么六国委员团里法委员调查报告在欧陆之发表，法公使之愤然出京，以及此次英美三国主张重查沪案而法则绝不提起等，都很可表示出英法二十四分的积不相容。英美日法等外交情势，完全是各怀鬼胎，如此而已。

其次，在段祺瑞为献媚各帝国主义以保持其自己地位起见而召集的特别关税会议中间，由于列强各自表示出的态度，也狠可看出他们的痕迹。原来前次华会之召集，根本是列强以机会均等之原则，用讬缓和列强因中国问题而争斗，打破日本独霸中国的政策。由这会议所产出的条约所定的特别关税会议，当然是为列强侵略加一重保证，是列强联合压迫的暗示，共管中国的行计划。第一，态度狠明显的是美国，会议关税问题于他没有甚深切利害关系，于是便慨然允许关税自主列入议程，而且美政府会向往美公使施肇基表示赞成此会议，并希望所召集之会议扩大，使华人有改约机会。英日则不然了，他们既不是像美国那样的富翁，而且要维持其久在中国的威权，于是英则根本表示反对此会之召集，更要挟中国，如欲接受华府会议所决定之加税利益，中国应同时尊重中英条约，先实行裁厘。日则表示反对此会议之扩大，并且要挟中国既欲增加二五关税，应先整理西原等无抵押借款。独法则态度冷静，惟各国态度是瞻。

总之列强对华都别有居心，而中国北方当局以及军阀政客，恰也各怀鬼胎，于是各拉着他们的后台老板，正好相互为用，一方利之为侵据中国的工具，一方则倚之以保持其自己的势力地盘，所谓外交，怕还不是些门面敷衍，粉饰太平。我们可料定五卅问题的将来，一面英美日藉口重查，延宕时日，一面，中国政府则实行其保护外侨利益政策，极力压迫民众，结果，又成为一重悬案而已。至于关税会议，即使正式开成，果提出关税自□列入议事日程，帝国主义的列强，必定变转脸来和北京政府算账，共管中国财政，或迳乘计实行道威斯专家计划，结果，怕是列强提出整理外债议案的时候，便是中国财政宣布破产的日期。

二、国内情势

国内情势，在南方的国民政府势力之下，革命军因一再变化的发展，已渐进而狠稳固的站定脚根，在北方则显然为奉系，国民军，直系余孽，三势力鼎足而立：

甲、奉系

奉系本来占了三省地盘，养着几十万大兵，自从去年解决曹吴之后，其势力一跃而伸入关内，于是便也发生了预备继直系而为武力统一的迷梦，一面在其势力的根据地——东三省，极力从事整顿其武备，又复规定渤海至烟台为海军根据而极力拉拢着温树德入其势力，在关内除热河直隶有李景林外，乃使张宗昌逼走段系势力的郑士琦的地盘占下山东，最近则又发表了皖姜苏杨的命令，在沪则有邢士廉变相护军使的酝酿，是其势力在海军方面，则掩有渤海而烟台到黄埔的海面，在陆则奉吉黑热，再加关内的直鲁皖苏而到上海七省一区的直线，包括着京奉津浦沪宁全线及陇海东段和京汉北段，然而正唯其地盘伸张太大，其势力乃分，内部涣散，又因做了英日帝国主义的工具受其主人之唆使，在其势力范围各地，压迫国民运动，大遭全民众之反感，所以虽不满意于国民军的大西北主义之逐渐成功，可是目□不敢过于挑战，妄动干戈；不过最近是否还想对浙，诚一问题，武力统一的迷梦，不尝试到失败，决不甘心。

乙、国民军

国民军从冯胡倒戈而分化出来后，始则占据着京畿保定张家口一带，后来二军进入河南，三军被逼而让出保大，展转由豫赶走吴新田而□陕，近乃冯玉祥督甘见诸明令，是其势力已据有察绥豫陕甘，大西北主□渐见完成。其兵力之数目，仅河南之二军，已二十八万余，合之一三两军，当不下四五十万；然而□正因其太多，其内容不免复杂，正和奉系一样的相苦同病，因而对于奉系的压迫，除一面向奉极力疏通修好以求暂时相安而外，一面再力向西北发展，而南面则与直吴之残余势力携手，以避后忧，最近之豫晋风云，以及豫南之鄂军入境，都可看出此中线索。

丙、直系的残余势力

英帝国主义急想培植其工具——直系残余势力，恢复其在长江一带之旧观，极力助之活动。于是最近，久居湘中的吴佩孚，确似有所活动□游说之使四出，湘闽浙赣隐然成其结合，又因国民军借重关系，居然成其为长江中部之潜势力，大可为举足轻重的情形，可是因为川杨之失败，闽中民军之多事，浙方为奉所监视，除与北方政府若即若离的发生□关系，以便养丰毛羽外，暂时尚不至有所动作。

丁、革命军

南方国民政府下的革命军，在中山先生死去的丧期中，便一鼓解决了数年不决的东江陈炯明的军队，规复了潮惠，后来又复扫除在粤杨刘的些反革命的滇桂军，肃清广州市的反革命势力，在桂则有范石生击退唐继尧的军队，而桂之内部，又经李黄等的逐渐清理而统一，于是广东的国民政府，省政府，广州市政府，相继因革命军的全力拥护而成立，接着便实现了统一财政军权等计划。农工因处国民政府的势力保护之下，国民运动日见增高而扩大，若此次沪案发现，省港等罢工运动，竟能与政府合作，尤为他方所不能有。帝国主义因受了国民政府极大打击而饱尝损失，乃利用反革命份子，击毙廖氏，思有以根本摇动国民政府的组织，然而终因革命军的竭诚拥护，狠敏捷的将此事处决，而且以此又淘汰了不少反动分子，直见帝国主义者心劳日拙；廖氏虽死，反提起了革命分子的精神，进一步的认识清楚帝国主义勾结反动派的罪恶，毫未危及于国民政府的前途，现在革命军已正式由国民政府下之军事委员会改编为六军，将先扫清内部，竭力拥护革命政府，再次发展，进而扫除全国反动势力。

其他还有狠可怜的段祺瑞之勾结洪林等军队，以及割据琼崖八属等计划，甚而与直系残余势力暗送秋波等，都不过为革命进程中的一重障碍已耳。

（原载《中国青年》1925年第100期）

中国经济状况

（1925年10月10日）

我们说，中国已经成了帝国主义压迫之下的半殖民地了，我们试大略观察中国的经济状况，便可知这决不是过甚其辞的话。中国人口是向来无精确统计的，就可考者言，十七世纪（顺治康熙时），中国不到二千万人，十八世纪末（嘉庆初年），增殖［值］至将三万万人，十九世纪初（一八三五年即道光十五年），即达四万零四百九十余万人之数，这是鸦片战争以前的情形。自从鸦片战争以后，帝国主义强迫我们开关商埠，且与以各种商业上的便利，洋货入口激增，农村手工业大受打击，南方农民感受帝国主义的压迫最甚，人心摇动而思乱，于是发生太平天国十五年（一八五〇年即道光三十年至一八六〈五〉年即同治四年）的战争。战争结束后，人口减至二万三千余万。自此经过四十余年，一九一〇年（宣统二年）民政部调查全国为三万四千余万人。

去年海关调查十八省与东三省共四万四千余万人；此外，蒙古约二百万人，西藏（包括川西，青海）三百余万人，新疆约二百万人，海外华侨约八百万人；总计全人口约四万六千万人，仅略超过鸦片战争以前之人口数目。近代各国人口之每年增殖率。除法国及少数落后国家外，多在千分之十左右；依此比例，假使非因帝国主义的压迫而引起太平天国战争，中国今天应有七万万以上之人口。据外国在华医士意见，中国人每年生产率在千分之五十以上；然因投弃胎儿与死亡率高，人口之增殖［值］并不比他国为速。所以多投弃胎儿与死亡，皆因人民贫乏无养育或医药费用，而政府又绝不举办公共卫生恤贫育幼等事业之故。

中国人口，农民约占百分之七十以上，民国六年调查，除蒙藏青海四川广西云南贵州不计外，农民有四千九百余万户，约二万七千万人。上述农民中，种十亩未满的一千七百万万户，居全数百分之三十六；种三十亩未满的一千三百余万户，居全数百分之二十八；合计种田不及三十亩之贫农为一万六千余万人，再加以四川广西云南贵州等处，此等贫农当占全人口半数以上。每亩农产物收获量，民国三年平均产米三石六斗，麦九斗余。依当时出口价计算，米每石四元余，田三十亩所获不□满五百元；麦每石约三元，田三十亩所获仅八十余元。以此供五口之家的生活费用，已非易事。至民国七年以后，因贫农资本缺乏，耕耘施肥之不足，与水旱灾歉之频仍，每亩平均收获米减至一石六斗，麦减至六斗余。依此时每石米五元余，麦三元余计之，田三十亩种米所获仅二百五十元，种麦所获不足五十元。

北方农田收获量少于南方，如民国七年，每亩在南方产米一石余（江西福建可产二石以上），产麦一石左右；在北方（除新疆）则产麦常在一石以下，直隶奉天仅四斗余，吉林黑龙江仅二三斗，察哈尔仅一斗八升，产麦常不□六七斗，山东甘肃河南察哈尔仅三斗余，吉林仅二斗六升。就北方收获少的地方言之，有田三十亩所获每年不过二三十元，加以各种菜蔬饲畜副业之所得，亦决无法可以供五口之家每年生活费用；而有田不及十亩的人，其贫乏惨苦更无待言了。然而这所说还是自耕农的生活。民国六年调查，自耕农二千四百余万户，合佃农与半佃农言，亦二千四百余万户。佃农每年劳苦所得，对地主完租常须占二分之一，三分之一，有些地方甚至要完十分之七八，完租所余自然更无以养活自己。南方乡间每人生活，每年约须四五十元，北方农民生活更苦，然亦须二十元以上。农民田地少，收获有限，加以河道沟洫不修，每届夏令几乎必有水旱之灾，此外又有兵匪之蹂躏，商□之剥削，疾病死亡之意外担负；于是他们虽节衣缩食，□褐粗粝，且仍有不能支持之苦。为富不仁之徒，在乡村中乘机重利贷款于此等农户，而此种重利贷款更陷贫农生活于无可救药之境，结果他们只有弃其田宅化为兵匪流氓之一途。民国六年调查，全国荒地九万余万亩，四川广西云南贵州之荒地尚不在内。中国农民之奔赴都市为工厂工人的百余万人，化为兵士的一百六十万人，化为土匪及其他无业游民的更不计其数。苟非农民耕田不能维持自己的生活，决不会听田地荒芜而舍弃乡土另谋不可靠的生活的。（金陵大学农科某教授计算，自耕农每田一亩每年亏本十七元以上。）

中国工人合［和］手工机器工计之，民国四年调查，有一千零七十余万人；其中在本国普通工厂的约六十万，在矿山的约五十万，在国有各铁路的约六万，总计中国产业工人可考的数目约一百二十万人，海员，兵工厂工人，外资工厂铁路工人，尚不在内。工人每日工资虽有极少数在一元左右的，平均不过二三角，其最少的，如河南制棉工人与直隶毛织物女工至多八分，山西制皮业与化学工业女工至多六分。民国六年，全国本国工厂雇女工二十余万人，工资通常较男工每日少一二角不等。童工在纱厂丝厂火柴厂最多，去年上海工部局童工委员会调查，仅上海中外工厂即雇用十七余万人，就中十二岁以下男童四千余，女童一万八千余，他们的工资至多二角左右，火柴厂甚至用不满五岁之小孩做工，每日给以几个铜元。

中国工人通常须十一二小时的工，女工童工亦须有与成年男工同样时间与劳苦的工作；甚至进食入厕的时间亦受资本家限制，资本家对于工人几乎有责骂，鞭打，开除，扣工资，调戏，狎侮的完全自由。对于规定最低工资率，工作时间□准，取缔工厂管理法，以及保护女工，限制童工，工人保险，失业补助，介绍职业等工业社会政策，在中国全无所闻；工人组织工会，为争自身经济利益而同盟罢工，许多人且认为是非法的事。民国十二年四月上海一般的物价，平均比民国八年高百分之十八，比民国二年高百外之五十七；单就平民饮食住宿费用言，今年比去年亦高出一半以上。然而各工厂每不肯加增工资，且利用中国失业之多，以减少工资或减少工人加多工作时间相要挟。民国十一年九月至十二月四十一处工潮，百分之七十皆为要求加增工费；五卅以后，各地要求加增工资之工潮又蓬勃的起来了。

中国商业只有华洋贸易年年发展，全国商埠乃至穷县僻村，洋货店均成为商场的巨擘，而且□有洋行设庄收买农产物运输出口。去年进出口总价十七万九千万两，比前十年增八万七千万两，比前二十年增十二万一千万两，这表明中国与外国商务上关系日益密切。就去年言，入口总价最巨的，饮食物有米谷，麦及面粉等一万余万两，糖七千万万两，烟草五千余万两，鱼介海昧［味］二千余万两；原料半制品有煤油五千余万两，棉花约五千万两，铁三千万余两，铜，木料，煤炭各一千万余两；制造品有各种棉布一万四千万余两，棉纱棉线，染料颜料与油漆，各三千万余两，机器及其零件，毛棉呢绒，纸及纸板，各二千万余两。以上入口货除糖及烟草，几无一非日用必需之品。出口总价最巨的，只生丝一万四千万余两，豆及豆饼一万二千万两，植物油四千万余两，茶叶，生皮，骆驼毛羊毛，各一千余万两。

以上出口货多系奢侈品或原料肥料，远不如入口各货性质之重要。我们由此可知，中国因华洋商业之发展，社会经济已经有了大□变迁，洋货如潮水拥进来，使许多农民工人因此失了一切产物的销路，只得改营供给外人奢侈品原料肥料的副产事业；这一方使中国必须靠外人供给许多必要的货品，一方又使中国工人农民的生产事业完全陷于附属于外国的地位。

近年来姻［烟］台因美国增税，发生数万工发网工人之失业，大连于去年日本复征进口税则（地震后曾停止）时，八十三家油房有四十家歇业，这可为中国农工生计视外洋销场如何以决定其得利与否之例证。入口货去年超过出口二万四千万两，此等入口超过出口之数，常随华洋贸易之发展而日益增多，这更表明中国工人农民所能改营的生产事业，并不能与洋货夺去固有货物销场的程度相抵，所以必然有许多工人农民失了原来的生活，而并不能另寻生活。入口超过出口的二万四千万两，便是说明因洋货输入夺去生计而无路可走的中国农工至少有数百万人。一般人怪中国兵匪流氓之多，其实这是毫无足异的自然结果。

无论在什么地方，我们可以看见洋油及各种洋灯，代替了中国工业大部分，外国棉纱货有很好的“乐观”，可是土货则完全失掉了它的销场。船舶出入各通商口岸的，去年与二十年前比较，轮船加五万余只，帆船减八万余只；此等轮船载货，去年英轮较华轮多二千六百万吨，日轮较华轮多五百万吨；合各国轮船载货计之，华轮所载不及全数四分之一。由此亦可知中国航业上所受帝国主义之影响。此外内蒙古之畜牧业，鸭绿江、渤海、黄海之渔业，皆有外人与中国人争利而压倒中国旧有业主之倾向。

在这种情形之下，中国土货商人除了为外人代办出口货的以外，亦衰败下来了。只有为外人代销洋货与代办出口货的人，享受外国资本家利润之余沥，逐渐蔚为巨富，成了权力仅亚于军阀的买办阶级，他们有时并且可以在政治上发生实际的影响。因为华洋交易频繁，银钱往来之事甚多，钱业与银行随之发达，本国主要银行资金达二万万元以上，民国十年盈余五百余万元。此等买办阶级与银行家每有投资经营工厂的，于是又有一般新起的国货商人。然而国货商人的势力还微弱得很，他们虽常利用各种“爱国”运动为他们自己的出品扩张销路，终究敌不过洋货的压迫；他们很希望排斥洋货与经济绝交等运动之成功，然而一方因经济的趋势，一方因与买办阶级本身利害的冲突，这种运动是从来没有成功的。（由民国四年至十一年，屡有排斥日货风潮，然入口日货由一万二千余万两进至二万三千余万两；现在在全国所谓“单独对英”经济绝交运动中，英货已经有逐渐恢复平常销路之倾向了。）

在这种全国受帝国主义经济压迫之下，军阀于是可以利用失业农工，编为私人的军队，以割据中国，任意宰制一般人民。没有一个军阀不是大发其财的，他们卖官鬻爵，截扣解款，而且时时借口军队闹饷向人民硬敲数十百万的饷项（有时名为垫借，其实是一借不还的）。军阀中如李纯身后遗二百万元，群且称为廉洁；卢永祥败退上海，仅箱箧已数百件。其他以贪婪著名如王占元等，不言可知。一般政客官僚与军阀相勾结，亦可以任意私肥中饱，银行家更与他们互相结托，用重利借短期公债，并作出许多舞弊营私的事情，于是他们交易而退各得其所。王克敏，周学熙，潘复之流，进为财政总长，退为银行经理；宣告下野的达官贵人，遁居津沪洋场，有款存于外国银行，均一生吃着不尽，他们有时亦以其脏私经营工业，（如鲁大公司王占元股十五万元，靳云鹏股二十万元，此类之例甚多），以国立永久不败的基业。田地的集中，虽在有些军阀官僚“龙兴”的地方，是有这种倾向；然而因为农业之无利可图，这种倾向并不显著。民国六年，河南，山西，江苏，安徽，陕西，察哈尔六处，有田百亩之农户，约占全农民十六分之一，民国十年，反减少只能占二十分之一，但资本的集中，民国六年在农商部注册的农业公司已缴资本一千余万元，工业公司已缴资本一万二千余万元，商业公司已缴资本二千余万元，水陆运输公司已缴资本三千余万元；总计此项资本比□国元年加增八千余万元。此等公司资本在五十万元以上的二十九个，总计将二千万元；资本在一百万元以上的三十六个，总计一万二千余万元。民国九年中国资本及中外合资之工厂，注册的四百十八处，资本至一万五千余万元，其中用五百人以上之工厂九十八处，用千人以上之工厂二十五处。有人说中国没有资本家，这是没有长眼睛的瞎话。不过中国资本家在外资压迫之下，与产业上管理技术的幼稚，虽然他们托庇于军阀官僚的奖励保护，而且拼命剥削无组织无法律保障的劳工，究多不免归于亏折倒闭之途。近年纱厂以资本不足而抵押于洋商的甚多，中国惟一航行远洋的中国轮船公司前年已宣告破产，马玉山公司现又将停闭，招商轮船公司与汉冶萍公司每年亦亏折甚巨。本国产业既在如此可怜的状况中间，不但不能完全容纳破产的农民手工业工人，即小资产阶级青年学生因此毕业后亦多无谋生之路。

中国人民生活上既已经有如上所述的穷窘受压迫的情形，然而他们在租税上面还有很苛重的负担。民国八年岁入除内债借款四万一千余万元，关税，盐税，田腻［赋］各约每年八九千万元，百货厘金以及各种杂捐杂税，每年收入五六千万元。关税本可以应国民经济与财政需万，对入口货酌量加减税率；然税卒被帝国主义者条约所限制。盐税系加于日用必需品之重税，甚不利于贫民，且不产盐之十二省负担特重。田赋因田地□久未整理，绅痞与吏胥结托，为种种弊端，所以有田无税，有税无田，有力乡绅积欠久不清还的事，全国各地都有。结果，田赋亦惟贫农的负担最重；近年政府藉口漕粮改征银元，每年增收数千万元，增加各种附加税又收五千万元左右，此加增贫农之负担更大。百货厘金及各种杂税杂捐，直接加之商贾，即间接加之一般购买商货消费的平民。我们假令照有些财政家的意见，以田赋，营业税，牙税，当税，烟酒牌照税，矿税，登录税（契税，验契费，注册费），印花税等为多半是税富人的，则民国八年总计不到一万二千万元；以关税，盐税，百货厘金，牲畜屠宰税等为多半是税贫民的，该年则总计在二万万元以上。中国一切国用，除官业收入及中央地方各项杂收入一千万元左右以外，均须仰给各项租税，而此种租税又十之六七取于全国贫民，这自然更使民不聊生了。关于此四万一千万元之支出，付内外债本利即需二万一千万元，超过总数一半以上；付军费又需一万六千万元，均抵总数百分之四十；此外尚有特别支出军费一万余万元。依此可知即倾全国收入以付债款军费，且为数不足甚远，中国贫民节衣缩食以忍受各种苛重不公平的租税，不过好供国内外债主与军阀鲸吞狼咽而已。民国八年，全国教育费仅六百余万元，不抵所付债款三十分之一，或所付军费四十分之一；全国实业费仅三百余万元，更止教育费之一半。至于所有可称为带社会政策意义之费用，民国五年中央惟游民习艺所官医院传染病医院经费十三万余元，各省养济院栖留所医院善社赈恤赔偿禁烟防疫等经费，多者十五六万元，少者仅二三万元。中国贫民义务如彼之重，而权利如此之薄；若以与英国每年给老年与贫民补助金各二千万镑，美国给补助费二万五千万元美金的相比，才知道我们养老恤贫的“东方文化”，已经没有脸面与所谓“刻薄寡恩”的外国人争一日的短长了。

现在，在中国最跋扈的只有帝国主义国家的势力，军阀与买办阶级不过是他们所卵翼的附属品，官僚，地主，工业资本家与一切俸给生活者，又仅能托足于他们与军阀买办阶级的政治经济势力之下。帝国主义者用兵力与其他不正当之手段，使中国今日对他□负了十八万万元的外债，他们强迫中国开通商口岸约百处，束缚中国的海关税则，以确立他们在商务上的优势。他们用领事裁判权制度保护自己不受中国法律的支配，在中国京津一带及威海卫上海驻军队四五千人，又派遣军舰横行内河各地。他们攘夺了渔权，航权，路矿权，经营工厂权。外国经济势力在中国无论什么地方都可以看得出来。现在不但入口货超过出口货数万万元，不但出入各口岸轮船超中国自有的轮船三倍，在中国英日经营的纱厂机锭亦较多于中国工厂二十余万锭，外资与中外合资的矿所产煤额，较中国自己用新法开采的产额多四五万吨。铁路则除在外国管理之下的六千余里以外，中国国有铁路亦无一不与外资有关系。中国在帝国主义的经济势力压迫之下，已经似乎是病入膏肓，中国已经成了国际共同宰制的牺牲品了！

要救中国，要救我们自己，只有革命，只有打倒帝国主义的经济压迫，而且为大多数贫苦农工的利益，根本改正中国的经济现状。还有人要怀疑我们主张革命，主张打倒帝国主〈义〉，拥护贫苦农工的利益，是有意捣乱煽动么？我只请大家看看我上文所述的事实，用不着多辩论罢。帝国主义及一般希图压迫贫苦农工的“爱国”志士，是很不希望人家看清楚这些事实的，他们只希望大家永远陷于谦恭逊顺或慷慨激昂的盲目感情中，于是乎人家便可以揭不穿他们的鬼面孔。他们说，帝国主义者并不曾压迫中国，中国的贫乏纷乱应怪自己，不应怪帝国主义；他们说，中国没有资本家，中国的农民工人并不贫苦，让他们去创造学说罢！我们应当多多研究中国社会经济的实在情形，把这些实在情形暴露于全国民众面前，使每个人都可以拿这来与他们所说的鬼话一比较，那便他们的伎俩自然无从施展了。

上面的材料，凡有数目关系的，完全是根据于下列各书：

清史纲要　China year book 1924　中国年鉴（第一回）

中国人口论　State mans year book 1925　第九次农商统计表

中国财政史　民国十三年海关报告册　近代之五十年
农村社会学　中国工人（第四期）　中国商业失败史
前锋（第一期）　上海商报（本年九月十六日）
十一朝东华录

以上除中国工人系转载上海工部局童工委员会报告，前锋系转载去年报纸材料以外，其余各书著作人均决无煽动革命的思想，他们或者还是极端反对革命的人，不过他们所供给的材料却很足以令我们感觉中国有非革命不可的理由；所以我们为中国的革命前途，还要感激他们供给了这些有益于宣传革命的材料。

（原载《中国青年》1925年第100期）

许金元

许金元（1906-1927），又名肖羊，江苏苏州人，中共党员。1923年考入杭州之江大学，同年加入中国社会主义青年团。1925年转为中共党员。1925年11月当选为国民党苏州市党部常务执行委员。1926年2月任中共苏州独立支部书记，8月任国民党江苏省党部委员。1927年春任国民党江苏省党部委员兼青年部长。1927年4月10日夜参加中共南京地委紧急扩大会议时被捕，数日后牺牲。

自学问题杂论

（1923年10月5日）

这篇文章的内容，有的是参考得来的，有的是自己感得的。但功课太烦，研究这个问题的时间，不过两星期。错误的地方或许是很多的。望诸君指教。

（一）为什么要自学？

我自入学校以来，无时不在苦恼中。学科底不调剂，课程表底死板，都使我头昏脑涨。讲教材罢，大半是陈旧的，形式的，不适用的：读国文止读些“古先王之治天下也……”一类的文章；读物理止读些“牛顿三律”……，相对论便没有了。讲教授法罢，多半是注入式的，重死记的。专制式的教员，止晓得要学生服从。虽然挂着博士学士的招牌，但一些不会教书的也有。混饭主义的滑头教员，则时常缺课。不知教育原理的糊涂教员，则信口乱道。好教员虽不是没有，但是太少了。还有，一本用二三星期便可看完的书，学校放在课程里，要用到半年或一年。且因为“一暴［曝］十寒”，所得的反而很少。这种学生生活，非但不能有益于学生，实有断送学生生活的可能。诸君啊，我们是学生，并不是学死。处此腐败的教育环境中，还想专靠教师的诱导（？）而读书吗？牛顿、林肯、富兰克林……谁不从自学而成功？

黄维荣君说得好：“学校中所教的，只是几本死书。……所以能自己努力而得到的，才可算是学问。……受了学校这种被动的教育，最多不过得到一些普通智识罢了，学问二字是谈不到的。”诸君啊，我们不欲读书也罢；若欲读书，那末非自学不可。

（二）读书的步骤

1.兴趣

无论做些什么，定要有了兴趣才有好结果。常有许多学生，非加外力，不肯用功。这就是没有读书的兴趣所致。我们读书不该为了外界的压迫——如考试及第三者的督责，而该由于内发的兴趣。

2.寻出要点

就是寻出一本书或一篇文的要旨在那里。

3.深究内容

卫生家说，“吃东西应该细嚼；要是不，便有害卫生。”读书也是这样，我们要把书中或篇中的内容，看个清楚，不要草率看了便算数。同时我们要用各种方法来说一桩事情。学生常说“这我懂得，只是说不出。”这不过是自骗罢了。他既懂得，怎会说不出呢?

4.批评

书上说社会主义不好，资本主义好，他也就闭着眼骂社会主义。人家苟问他社会主义资本主义是什么，他就要敬谢不敏了。这种不是读书，简直是做书的奴隶。平日很服古的孟轲先生也说：“尽信书则不如无书”。何况我们二十世纪的人呢?我们要不迷信他人，亦不执着己见。读完一篇，可于篇末写些批评文字。

5.表解和摘录

这二法很可帮助记忆。因摘录有记忆价值的言语，可免遗忘。遇到复杂的材料，即列成大纲或图表，可以看得清楚。

6.默忆崖略

读完了一篇或一书，应将其中大概，默忆一番。这点亦很可助我们记忆。

7.运用

学了不用，仍如未学。或由自己去力行，或向人家去宣传，都是运用的方法。

（三）增强记忆法

1.难记的不必强记，可用笔代。

2.记忆重要的部分。零星的小部分可不记。这样不但容易记忆，且记的亦较有价值。

3.日本神裸博士说：“午前一时可当午后二时”。所以用脑以清晨为最宜。

4.应该研究脑系的卫生。

5.遇要记忆的地方，宁可朗诵不可默读。

6.《曾文正公家训》内说："尔读书记忆平常，此不足虑。所虑者：第一怕无恒；第二怕随笔点过一遍，并未看得明白"。又说："尔不必求记，却宜求个明白"。

7.《曾文正公家书》内说："凡读书有难解者，不必遽求甚解。有一字不能记者，不必苦求强记，只须从容涵泳，今日看几篇，明日看几篇，自然有益。但于已阅过者，略批几字；否则历久忘其为已阅矣"。又说："吾谓读书不求强记……若全无名心，记亦可，不记亦可，心宽然无累，反觉安舒。或反能记忆一二处，亦未可知，此余阅历语也。"我想这点很足为我们取法。

8.心理学者说："注意之强弱与记忆之强弱相比例。"所以我们要牢记，就不能不集精会神地注意，就不可胡思乱想。而且能这样注意，也可减少阅看的次数。

9.前后联想。

（四）自学法杂谈

1.勿迷信

a.勿迷信分数主义

不要为了多得分数，致将研究真学问的时间占去。请睁大些眼，看看到底什么是世界上的真学问。

b.勿迷信教师和圣贤

我们于教师和圣贤固当尊重；但从尊重而至迷信，那便不对了。亚里士多德说："我爱夫子我更爱真理"。

c.勿迷信教本

我国今日的教育界还是牢守着几本教科书，强迫全班学生诵读。其实比之从前的读四书五经，不过五十步笑百步罢了。真要研究学问，须得留心课外书报。

2.发问

a.不论对于师长对于同学，非至必要时，不该求助。

b.发问最好经过相当的思索。那末，对于答复也可格外明白些。

c.既经相当的思索，若真遇疑难，立即发问，不可以发问为羞耻。

3.求学之工效，不在乎日夜乱忙，在乎时间支配的适当而营有统系的生活。我们要认定一个时间来用功，每日不移，不可有例外的变更。时间既到，不可留滞延迟。且要认定每天读若干页数，用若干量的时间，将这书读完。

4.常有许多学生，把学问分为中外，因而生出偏视。这是大错，大错。要知道学问是没有国界的。政治上虽属敌国，论学时，却不分畛域。若先存了国界的心来论学，那末，外国文字亦不用读了。学问没有什么中外，只要彼有价值，对于我们研究的目标认为需要，便该加以注意。要研究真学问须把国界观念打破，把任何狭义的观念，一齐打破。罗素说："我爱真理，甚于爱英国。"听啊，这是世界学者的声音。

5.逻辑（即论理学）

能教我们寻出真理的方法，能指示我们思想的错误。故要证明思想的正确，就不能不学逻辑。有许多教会学校里的学生（据我在苏州所知道的，不知别处的教会学生是不是这样。）连逻辑二字都没有见面过。这亦许是他们的不幸罢！

6.一书未完，勿看他书。否则如猫头上抓抓，狗头上拉拉，反致一无所得。

7.书中或篇中紧要的句子，可用笔——最好用红墨水笔——圈出，以便下次阅看。

8.言论的有价值与否，须把言论的本身作标准来评定。杜威、罗素、杜里舒……的言论固然比较的有价值；但我们不可说他们的言论绝对有价值。我们也不可说平常人的言论，绝对没有价值。我们看杂志和报章也要这样；我们不能断定常有著作的人的文章，定有价值；不常有著作的或一向没有看见过的人的文章，一定不行。我望大家不要“以人废言”。

9.世界是所大学校，我们都是这学校里的学生。我们感官所接触的，都是供给我们研究的材料。

10.我们要温故知新，读新书的不要忘却旧书。研究新思想的，不要把旧的看得一文不值：须将许多旧思想用科学的方法去批评一下，用公平的眼光去研究一下。

11.应把研究学问做唯一的目的。勿怀挟他种目的（如金钱、权利……）而以研究学问做手段。

12.一番剧［聚］力用功后或科目变换的中间，应有适量的时间供休息，或静坐，或呼吸，或散步之用。在这休息时间内，应完全将所事忘却。

13.有许多人们太自负了。闲时看了几本杂志后，便摇头摆尾地自命为新人物。这种，不过是自欺罢了，不配谈学问。

14.吃饭前后十五分钟内，不可用脑。

15.勿懒查字典。

16.不可虎头蛇尾而当持之以恒。

17.认定一所地方来用功。

18.教育的目的在使个人完全发达。所以我们不应偏重智育或体育，我们要同时注意到德育（广义的）、智育、体育、群育和美育。

19.许多用功的学生，虽在暑假期内，也不肯离书一步。这种克苦的精神，实在可佩得很。但在体育方面讲，最好也请他们实行六小时工作制：六小时工作，八小时睡眠，十小时游息。（暑假期内太热，所以行六小时制；在寒假期内，可行八小时制）。

末了，我对经济困难的智识饥饿者，有个介绍。就是向上海通信图书馆里借书，可以止［只］出寄书的邮费，不出租费。他们所有的读物，大半是新出版的。他们有书目可以函索。通信处是：上海天津路四十四号胡静秋先生收。我也是个经济困难的智识饥饿者。去年从《觉悟》上得了这个消息后，快活的几乎跳起来。我很愿意同志们知道这消息，并希望各地多有这种图书馆发现。

（五）国文的自学法

1.以“写实”“普遍”“自然”三事做目标。白话文的特点就是真切而不虚伪。君主时代人臣所上的表，明明是百姓怨声载道，他却说“涤荡欢声，上感天旻”。我们做白话文的，第一要和这类铺张粉饰的文字绝交。

2.多读他人的著作。平日亦得做些日记，杂志文章，以及长篇通信等。

（六）诗的自学法

1.不是天然界里的人，不会做出天然界的诗。天然界的种种，凡五官所能接到的地方，诗人都该注意到。唧唧喳喳的鸟声，琤琤琮琮的流水声，天上的白云，水底的晚霞，在一般的人们看了，或以为不值什么一回事，但在诗人心里，就能感到一种特殊的情感。一花一草一木一石，都是诗人注意的所在。

宇宙是诗人最好的修养所。诗人要常在自然中活动。

2.诗人当常在社会中活动的。那末，才能与社会相感应而写人生的真实。

3.新诗的精神在创造，不在因袭和模仿。

4.诗的音节，全靠语气的自然节奏及每句内所用字的自然和谐。

5.无感兴时，勿硬造；有感兴时，勿画蛇添足；感兴如龙须捉紧勿放，否则一去无踪。诗是心的纯真的表现；真所谓命泉中流出的straim［stream］，心琴上弹出的melody；决不是握着笔，面着壁所能硬做的。

（七）英文的自学法

1.查字典时，勿单看其注解，应同时留心其发音的符号。

2.多做correction。

3.读读本（reader）时，不要专重意义方面；同时亦应注意其文法。

4.常读些英文刊物——如《大陆报》《英语周刊》之类。

（八）理科的自学法

1.中国人不及西洋，第一就是缺乏科学知识。我们该为了个人学业起见，社会需要起见，人类前途起见，油然生研究科学的观念。

2.我们要自己去找寻研究科学的兴会；因为学校里的教习先生们，大都只会些注入式的教授，很难引起我们的高兴。

3.最普通的毛病，就是大家——教员和学生——认科学知识为一种专门学问，不把他看作普通学问；遂致冷淡了他。所以我们应把这看作普通学问，和国文、英文一样。

4.电学已读得烂熟了，电灯、电话……略出毛病，还要请专门技师来修理，这不是背了“学以致用”的原理吗？我们学了科学，还要应用他；那末，非但可以格外明白些他的理论，且于兴味上亦可特别浓厚起来。

5.不要一味相信教科书；还该留心报章上或杂志上的科学消息。譬如说相对论罢，现在教科书里还没有讲到，教习先生们又不说起。要是不留心这消息，便不知什么叫做相对论了。

（九）算术的自学法

1.认清题目，确知道谁是已知数，谁是未知数，而求证，明白了解，然后着手解题。

2.算时要静心。

（十）历史的自学法

1.研究中国历史应具的眼光：

a.平等的眼光

不要是今非古，亦不要尊古薄今，立于客观的地位研究历史：不问他谁是正统，谁是偏安，谁是王师，谁是盗寇。读到夏、商、周，我们要研究汤武怎会兴，桀纣怎会亡；读到《三国》，我们要研究刘备怎会败，司马氏怎会成；不必替古人强分那是非顺逆。

b.进化的眼光

要寻出事事的前因后果以及事物变迁的痕迹。

c.世界的眼光

中国是世界的一部分，我们也只能把他看做世界的一部分；万不可为了爱国心的缘故，仇视其他各民族。我们要具了世界的眼光来研究中国历史，要抛去“夷狄交侵”“鞭笞四夷”“威震葱岭以西”“漠南千里无王庭”……的偏见。

2.要注意到现代的历史：留心看日报及有关系的杂志。

3.所注意的伟人不必限于教科书上，现代的伟人亦该注意到。

4.注意东西文化相互间的影响。

5.读历史不是不过留心少数人的行动——几个帝王英雄豪杰的行动，是要研究全体人民的生活的。我们要注意到人民生计的状态，民族的思想和社会的生活。

（十一）地理的自学法

1.要有世界人同情的了解，做个世界公民。

2.要明白国与国相互间的关系。

3.用设身处地的方法来研究，读到一处便像亲历其境一般。

4.读地理除知本国和世界的情形外，对于本城本乡的情形，亦要留心。

5.地图读法记忆地图上各处的位置比记忆书本上的，比较的容易些。

（十二）图画的自学法

1.初学时，要多做写生画。不论一鸟一虫一鱼一石的形态、颜色、结构、姿势、阴阳及方向（指正面、侧面、半正、半侧、……）都应留心。

2.我们要于不知不觉间，与宇宙的自然的美默化。要注意突兀高耸蜿蜒起伏的山，要注意涓涓细流洋洋巨浸的水。雪是谁都见过的，不过学画的要用独具的眼光去观察他，看他受光的地方作什么色，不受日光的地方又作什么色。最好时常利用闲暇到野外去做眼的练习。

（十三）体育的自学法

学校中有什么体育可言呢？每星期几点钟黩武主义的偶像式的兵操，算得体育吗？“举……枪”“开步……走”，究竟于身体上有什么益处呢？锦标主义的运动算得体育吗？“Ready……get set……go”，受益的（？）不过少数人——夺锦标者，其余的人仍是“文质彬彬”的。学校中有什么体育可言呢？所以体育亦须自学。

有许〈多〉人误会运动就是体育；运动好，就是体育好。错了！运动不过是发展体育的工具罢了啊；怎好说运动就是体育呢？

我的身体很弱，常多病，自去年五月起，每天早操一次——今年三月起又加上一次晚操。虽不能说大见特见功效，身体上和精神上却觉得比从前舒畅的多了。现在把我于操上所知一的说说罢。

1.面向东、操时，心要静、切忌胡思乱想和用力过分。

2.初学者最好在镜前演习，使姿势易于矫正。

3.初学者遇肌肉酸痛或胀硬时，不必大惊小怪；因这是肌肉渐渐发达的缘故，是学操者必经过的历程。

4.在室外行早操的，应先将被褥折好，然后行操；在室内行的，被褥暂时不可扬开，浊气才不致散于室中，妨碍呼吸。

5.呼吸时的注意：

a.心神贯一。b.初学者每次吸气约八秒钟，呼气约六秒钟；练习久后，渐把时间延长。c.鼻孔须张大；不可使耳听得呼吸的声息。

6.操后应缓行数步。

7.行睡前体操的，若睡眠因而不安，最后一段的体操可行两足举踵离地的运动五十至一百次。

8.不可于空腹时及饱食后行操。

谁不知道锦标主义运动的不好呢？我愿唱反对锦标主义的运动的同志们，都起来实行普及。在积极方面，要操练，要运动；在消极方面——卫生方面，至少要养成早起早眠、勤浴、废止杂食、静坐……几种习惯。

（十四）知行合一

我们要读书，便要自学；自学的方法，还不止上面这几种，上面的不过是大要罢了、临了，我还有句话，就是要“知行合一”——即知即行。既知了“自学的怎样”，就请试试罢！

中等学校的朋友们啊，做去罢，青春不再了！

十二，四，十九灯下完稿于苏州博文中学。

（原载《学生杂志》1923年第10卷第10号）

文化震

文化震（1902-1927），字雨龙，贵州贵阳人，中共党员。1922年考入东南大学。1925年加入中国共产党。1926年任中共南京地委委员、共青团南京地委书记、国民党南京市党部工人部长。1927年3月任南京总工会总务主任兼秘书主任。1927年4月10日夜参加中共南京地委紧急扩大会议时被捕，数日后牺牲。

江苏学阀之过去及将来

（1926年8月31日）

一、江苏学阀之形成

在江苏之各大反动势力中，学阀确实要算一个，其历史之久，并不下于军阀，而其深根蒂固之处，反不是军阀所可及。故江苏自民元以来，虽号称太平之地，军阀却巳［已］数易朝代，至于学阀，则却不曾有曾有过一次摇动，而且反因时局之变迁，政治之扰乱而更取得了优越的地位。所以弄到目下，江苏大部分——几乎可以说全部分——的学校及一切教育机关，都成了他们的地盘，而且盘踞得非常坚固，已经不容其他势力之侵入。此种可怕的反动势力，确是不容我们漠视的！

但为什么学阀会在江苏取得了这种优越的地位呢？那么我们便不能知道江苏近来之政治及经济环境。

溯自前清光绪以来，中国的教育，曾经过了一个“革命教育”——至少也是“教育革命”——的时期。在这个时代中，因全国民众已饱受了帝国主义□压迫滋味，所以送一个学生赴东洋，□□成了一个革命党回□来。在国内办学务，也成立了多数制造革命党人的机关。□以中国□民族□□运动之热烈趋向，已充分在教育上□映出来。于是当时的教育遂自□然带了革命的空气。我们总可以称那一时代为“革命教育时代”。

到得辛革命成功，虽帝国主义之侵略如故，但民族解放运动之高潮，已因满政府□倒扑而灭杀了。于是到得民国时代，全国民众，都呈沉寂□象，而民族解放运动遂入了休息之时代，因而此时之教育，亦充分反映出了一种不生不死，粉饰太平之象。不几何时教育更入了反动之境，而形成了今日之学阀。

至于江苏则至民国以来，因地位及物产之关系，新产生了一个有力量的买办阶级及大资产阶级，而且此种阶级，事实上还居了统治之地位。于是教育遂为此种人之教育，而学阀遂更得滋生不已。故学阀不盛于其他各地而独盛于江苏，实因他省尚无形成这种东西之可能，并不是他省没有黄炎培，郭秉文等之人材，也不是他省无东南大学，省教育会等之机关。

总而言之，我们要充分明白学阀式之教育为买办阶级之教育，为大资产阶级之教育，然后我们才可以分明白学阀之一切内容。至于如何才可以证明学阀教育为买办阶及大资产阶级之教育，则我们不能不分析学阀势力究竟是寄托在什么地方。

二、学阀势力之分析

学阀及学阀之民众。为何在东南取得一优越之地位，则因他们的势力有种种优越的寄托所。寄托所为何，大约有七：第一不用说是学校，第二是教育会社，第三是报馆，第四是银行，第五是工厂商店，第六是武力，至于最末之间接寄托所，则为东京，纽约，敦伦之大公司大工厂。兹分述如下：

（A）教育机关——他们的学校，已经是多到不胜枚举，而且也人人知道了。我们试一翻看江苏各校之章程，差不多十之八九是用江苏学阀当校董。江苏国立学校，如东大，暨南，同济，河海，政治大学，商科大学，南洋大学等等，都是他们的大本营，都完全是由他们指挥。至于一切中学，在江苏江南方面者，更无一不是他们的私产。一切学校之校长，教员，甚而至于小职员，无不同他们有关系。我此刻可惜没有一个明确的统计，不能使大家得一明确之数目，不过大家将自己所知的学校数一数，也就可以知道一般的情形了。

（B）教育机关——他们的教育机关，第一个便是江苏省教育会。这一个机关便是他们直接奉承军阀，直接交□帝国主义及买办阶级及大资产阶级的工具。第二个是中华教育改进社。这一个机关便是他们联络全国教育界，拉拢全国中小学教员之工具。还有一个全国职业教育联合会，便是他们豢养学阀□走狗，及勾结军阀（注一）之工具。至于所谓的全国教实联合会，便是直接奉承大资产阶级及买办阶级（他们所谓的实业家）之利器。又如平民教育促进会，便是他们代大资产阶级及买办阶级施舍寒苦人，而代大资产阶级及买办阶级收买民心的一种大公司。此外种种顺时之集会，——如江苏国立学校联合会，江苏省立学校校长会（名称大致不是如此）——都是他们随机应便，应付机宜的一种手段。总而言之，举凡江苏教育界之一切社会，无一不是直接或间接在他们指导之下。

（注一）实例之可寻者，第一是代吴佩孚教学兵，以示好于军阀，第二是代张作霖养成造枪炮的人才以卖好于胡匪。

（C）报馆——他们的一大报馆便是申报馆。此报之言论，我看去彷彿冷冷的一张面孔，而事实上只要黄炎培来一个条子说对某人之坏事少登，好事多登，已经可使此人三生受福不已了！本来申报到而今已有很大的销路，学阀已有伟大之势力，若以冷酷之态度见人，反可增加他们的地位，所以他们决不用像害幼稚病的《醒狮报》那样的火热。

（D）银行——当郭秉文当东大校长时，数月不领经费，他可以在外挪借。东大学生只以为“郭校长”有神出鬼没之计，而不知他们有他们的大银行！他们的银行便是中南银行。至于他们的资本，便更来得出奇。当袁希涛为袁世凯之教育次长时，袁世凯交五百万八厘公债给他，叫他来江苏运动教育界及军界。后袁希涛许驻上海之第三师师长顾忠琛以三十万元，条件是拥袁称帝。后袁世凯失败，顾忠琛出洋、于是五百万之全数，竟被袁希涛，黄炎培及沈恩孚三人吞没而举办了今日之大银行。

（E）工厂与商店——黄炎培为商务书馆之大股东兼监察委员这是很多人都知道的一件事。此外他们又用浦东中学的基金办了上川交通公司，又捐款来办了中华铁工场，珐瑯工场及木工场，而事实上完全作了他们几人之私产。又往南洋募捐四万多元来修了一个所谓的职工教育馆、而事实上无一职工，只拿租给戏剧协社开戏园。此外如沪宁一带之中资纱厂，也有不少的学阀股份。凡此种种，都是他们在江苏取得优越地位之工具，也即是他们取得地位及奴使寒儒的利器。

（F）武力——举凡一切军阀之武力，都是他们的武力，这还何消说得！不过他们除间接利用军阀之武力外，目下他们却正在上海培养新武力——南市保卫团。这一个保卫团，并不是他们进取时之武具，而不过是保守时之武具，譬如在前次江浙战争时便是一个例子。

（G）外国资本家——我们还更要十分注意的一点，即学阀最终之寄托是英美的帝国主义。如黄炎培及郭秉文诸人，无一不是由帝国主义抬高的。资产阶级的博士硕士头衔，不要钱的只管奉上。什么什么大王，不惜牺牲巨资给他们建筑什么馆什么社。帝国主义骗人的什么世界教育会，更不惜举郭秉文当副会长。更难看的一点，即黄炎培，郭秉文诸人，更皈依耶稣，而向帝国主义表示忠诚！又去年郭秉文居然勾通法领事逮捕徐树铮，又更不惜为帝主义之走狗李纯，齐燮元等之顾问（有Who's Who in China为证），实例晤然，何容疑问？

由此看来，他们有学校，有教育机关，有报馆，有银行，有工厂及公司，更有武力，更有帝国主义者，所以学阀的势力遂根深蒂固，硕大无朋。

三、江苏学阀之末运

但无论何种反动势力，不管其雄厚之程度如何，其自身终不免于发生破绽，而一方面若革命势力逐渐高涨，其势力亦必渐生动摇。目下的江苏学阀，也已渐有危机，并且快到他们的末运了。原因何如？

第一、政治环境之变迁，根本可以影响学阀之势力，已如上述。目下中国民众普遍的革命化，结果便影响到了学生阶级。至于学生阶级之革命化，本已起源于五四，但普遍的影响，不是在五卅运动。五卅而后，表面上学生群众虽有部分之分裂，虽暂时呈沉寂之象，但其革命□热，都是十分伟大。即如国民党左派之势力，即大部分寄讬于学生群众，故在国民革命之高潮中，学生实为主力军之□。而此时之学阀，便是直接被此革命势力所播荡的一个。故革命势力之充分高涨，实为江苏学阀之第一危机。而学阀之尽力压迫革命势力，也原是为本身利害之关系。

第二，学阀对学生压迫，已可生一种强有力之反动。而且目下之压力，还日日有加无已，故同时我们便可断定反动力之亦相因而至，并其暴发之强度，亦当与压力成正比例。至于具体的事实，譬如此次上海之大开除运动，已充分表现学阀忠顺帝国主义及军阀之处，而同时使千万革命之学生寒心。其他各处类此之事，举不胜举，如南京安徽公学之开除全班，河海工科大学之两次开除国民党人，皆此中之实例也。总而言之，在此学阀大肆獗狂之日实可使学生毕业群众普遍的左倾。

第三，学阀教育之不能与现在中国学生之利益一致，此亦学阀崩坏之一大原因。本来学阀之教育乃一班，资产阶级及买办阶级之教育，在此种教育之下，自产生了不少帝国主义，军阀，买办阶级，及大资产阶级之走狗，但须知中国之学生大都是，破落小资产阶级，而学阀式之教育，便根本不能满足他们的需要，而学阀利益与学生利益之间，不免便会有许多裂痕。学阀所要的是养尊处优的“绅士”，是供统治阶驱使之“能干人”（注二）然此种种要求根本不合破落户子弟之阶级□景。此种矛盾之点，已□使学阀之教育宗旨根本动摇了。又况学阀所办之学校，十九是具有营业之性质，而此点也根本与学生之经济利害相冲突。如最近东南大学轰轰烈烈的减费运动，便是学生利益与学阀利益冲突而表现得最具体的一件事实。

第四、学阀之良友，目下已正图反戈，而根本便会影响到学阀之势力。原来学阀之良友，在前本为国家主义派。此派之势力，原是附骥于学阀。醒狮派大肆宣传之地。原是在学阀之大本营内。目下则因醒狮派有喧宾夺主之势，而学阀遂有不容他人憩睡之心。醒狮派首先打入之东南大学，现□遂首成了学国两派争锋之阵地。此种争执，不管谁死谁伤，总可以破裂帝主义之走狗们之联合战线，而减削了学阀之势力。

本以上之原因，我们便可看出学阀势力的许多破绽，而同时我们还可以断定江苏之学生运动将由沉寂之时期渡到暴发之时期，换言之，即江苏之学生运动，已将入于一个新的时代。如何而可以应付此一新纪元，则全在我学生群众之努力！

注二：郭秉文在东大第二期新生入学时之演说，谓东大要造成gentleman（绅士）兼efficientman（能干人）即充分表出了学阀教育之宗旨。只可惜他未说出“绅士”及“能干人”是用来供给资本主义作走狗的！

八月十六在南京

（原载《中国青年》1926年第131、132期合刊）

请看国家主义者在南京的活动

（1927年1月22日）

自革命势力与反革命势武力装冲突以来，国家主义者已经在行动上明明白白的现了原形。所以到得目下，我们对于国家主义者尽可完全让全国的民众去讨厌他们，去唾弃他们，去痛斥他们，而我们的责任不外在报告国家主义者在各方活动之事实，以供大家讨厌他们，唾弃他们，痛斥他们的材料罢了。南京为国家主义之大本营，他们在南京的活动，更值得报告一下。

南京的国家主义者，在孙传芳未加入讨赤战争以前，他们的活动，只限于一点文字的宣传。到得孙传芳出兵江西之后，他们陡然由理论的进步到行动的。第一次的活动，是在万县惨案之后，那时因学生联合会是在他们的手中，所以他们便用学联会名义，派人满街演讲。不过那时正孙传芳宣布戒严之后，就是第一农业学校棉作展览会上的演说也是被禁止了的，而他们居然可以公开讲演，不能不说是受恩深重了！至于演讲的材料，却至少有二分之是反对苏俄的！除演讲外，还有不少的标语。

在此次活动之后，他们反大吹特吹，说万县惨案发生之后，一切团体都无表示，只有国家主义者拼命的活动。实际上就我所知，四川旅宁学生会，何尝没有在东大开会追悼而被解散？国民党的标语，何尝不曾遍街张贴而被撕完？不过只可惜四川旅宁学生会及国民党与官厅没有关系罢了！

第二次活动，是拥护五色旗运动。全城大街小巷，都红，黄，蓝，白，黑的五色标语，并有演说及大会。而值得我们注意的一点，即甚至解散了东大某某同乡会的警察，在此时节，却能他们在同一个地方——东大——开大会！

第三次活动又来了！日期正是反基督教运动周。在这时候，我们发现全城的墙上，发现粉笔写的非基标语“打倒基督教”“打倒青年会”“反对文化侵略”“收回教育权”。但不料到了明天，每一标语之后，都新添上了一条新的标语，有如对联一般，新添的标语是：打倒共产党！拥护五色国旗！拥护五族共和！反对一党专政！

推其用心，国家主义者以为只有共产党才反对基督教，所以竟不可惜将此一运动完全归功于共产党，而自己却甘为帝国主义之工具的同盟！

不久第四个活运动又来了！

当孙传芳败回南京，张宗昌来到下关之后，因为国家主义者知道他们同孙传芳有共存共荣的关系，所以他们不能不在孙传芳刺血为誓的时候，出其全力，以图背城借一。于是这一次运动，比一切以前的都伟大得多。久被禁止开会的学生联合会也可以开会而被他们借去作拥护国旗运动的办事处了。并且他们竟强奸全南京学生之意见，用南京学生联合会的名义发□反对国民政府的宣言。此外还在各处贴标语，其词句与孙传芳之标语皆同。但这还不够，东大的国家主义者，想用东大学生会的名义来发表一篇宣言，口号是：反对□党专政！拥护五色国旗！拥护孙传芳！拥护孙张联合！

宣言拟好之后，东大学□的执行部长说道："你们反对国民政府，而我是湖南人，我个人生了危险谁保险？"于是这一篇大文到底至今没有发表。我想东大的学生若未死完，也绝不容许此种宣言之公然出现！

惟在此种种活动之期间，他们还有一种秘密的，而且经常的活动。就是派人到各处（他们可募捐之处）去募捐，并写许多信去告密，都已经是被我们证实了的。

但国家主义者在这种日趋反动的时候，很显著的结果不外两个，第一即民众对于他们的认识已完全清楚，而一般的唾弃他们，所以我们同一学生谈话时，若问他是不是国家主义者，他便会面红耳赤，同被人骂他叫忘［王］八蛋一样的难过——就此已经可见一般的心理了。第二个自然的结果，便是他们的内部，起了严重的分化运动，许多从前的小首领目下都想加入国民党左派了。

在这种情势之下，我们可以肯定的说：国家主义已经走到了末路了，就是国家主义最发达的南京，及最容易相信国家主义的南京学生群众也醒觉过来，而且肯定了革命是唯一的途径了。我们正预备欢迎，正醒觉过来的革命同志，走上光明的道路来！

（原载《中国青年》1927年第151期）

恽代英

恽代英（1895-1931），字子毅，化名王作林，祖籍江苏武进，出生于湖北武昌。中国共产党创建时期的重要领导人，著名的政治活动家、理论家、青年运动的领袖。1915年考入中华大学文科中国哲学门。1921年加入中国共产党。1923年当选为中国社会主义青年团中央执行委员会候补委员，后任团中央宣传部主任、学生部主任。1924年国共合作时期任国民党上海执行部宣传部秘书。1926年在国民党二大上当选为国民党中央执行委员，同年任黄埔军校政治主任教官、中共党团书记。1927年1月任中央军事政治学校武汉分校政治总教官，5月在党的五大上当选为中央委员。1928年6月任中共中央宣传部秘书长。1929年任中共中央组织部秘书长。1930年任上海沪中区、沪东区行动委员会书记，曾任中共沪东区委书记。1930年5月在上海前往老怡和纱厂联系工作时被捕，1931年2月解来南京，4月牺牲。

一国善势力之养成

（1918年10月）

天下之治乱，视君子小人势力之消长而定。以君子之道不长，小人之道不消，而欲借一二巧妙之政策，阴谋之手段，以致国家于治平之域，此舍本逐末，徒劳无功，以吾国最近十余年之已事，可以证之，吾等今后将欲言拨乱反正，不可不引以为鉴戒也。孟子曰：徒法不能以自行。岂但不能自行而已，小人之道不消，彼且将舞文弄墨，以为己利。多立一法，则彼之所缘以为恶者，亦多一事。故法愈多，而其毒愈甚，所以贻害于国家者愈烈。此其事在吾国，亦有不可争之证据矣。然则，如何能使君子道长，小人道消，换言之，如何能使社会中一种善势力之得以养成。岂非今日有志之士，所应持以救国之惟一方法乎。

或曰：善势力即令应养成，此亦自有掌政权或教育权者之人，负其责任，初何预于吾辈之事。则请语之曰：吾辈将以天下之治乱，为无预于一身一家乎。吾辈果无厌乱而望治之真心，宁甘受干戈锋镝之蹂躏，奔走离析之苦恼乎。果尔，则吾辈所居之国家，本无拨乱反正之必要，更何必论善势力之如何养成，倘不然也，则请试思掌政权或教育权者，孰能有此心，有此力，有此闲暇之时日，以为吾人尽养成善势力之责任者乎。倘吾环顾而不得其人，即得其人矣，彼或力不从心，更或苦于无闲暇之时日，以服此劳役，吾辈宁忍死须臾，以待此不可必得之救援乎。抑且将攘臂奋袂，求以自力奋斗，庶几于死中求活乎。吾意在吾国之少年，必有怀抱国家无可托命的人之悲观者。今无论此等悲观之有当于事实否，假令果有当于事实，在理应知以前倚赖他人救援之非计，而有以助长吾辈自力奋斗之决心，何为既知外援已绝，仍不能谋背城之借一，乃束手叹息，以坐俟他人之鱼肉耶。无论善势力之养成，应为吾等之事否，既无负此责任之人，吾等为切肤之利害，即不得不毅然以为自己之责任，其理自易明也。

或曰，假令子之说为然，然吾等有何能力，将用何方法，以养成善势力乎。曰，将欲养成社会之善势力，当先维持自己之品性，使亦为善势力之发源地。使自己之品性，先不能维持，则自己且将入于小人之群，更何养成善势力之足言。且知所以维持自己之品性，即知所以维持他人之品性，能维持自己之品性，即能维持他人之品性。一般善良少年，多不能维持其自己之品性，更无望其代他人维持其品性。此所以虽在一时间，彼嚣嚣然自以为爱国，自以为不凡，未几而改节，未几而堕落者众也。如此，彼不但不能为善势力之建造者，而多改头换面，以投降于恶势力之麾下，助之为虐。故苟自己之品格，不知维持，不能维持，尚何养成善势力之足云乎。

维持自己之品格何如，兹缕述之。

一须有积极进取的精神也。吾国之所谓善人者，每守消极态度，守保守态度，此品格所以不能维持之一大原因也。社会上对于吾人之引诱或压迫，其势力常逐渐增长，少年与儿童比，少年所受之引诱多，成年与少年比，成年所受之压迫大。吾人对于此逐渐增长之引诱或压迫，如欲图所以抵抗之，将自己亦逐渐增长吾品格之抵抗力，以与之对抗耶？抑不求自己抵抗力之增长，而可以不患有不能抵抗此引诱或压迫之患耶？吾每见人在学生时代，有甚充足之抵抗力，足以维持其品性，然一出校门，受生计界排山倒海恶势力之压迫，往往站脚不住。此非以压迫之势力加增，而抵抗力不能与之俱增之恶结果欤。故吾等苟欲维持自己之品格，必不可不使抵抗力日进无疆，常求超过现在乃至将来外界之压迫。用兵者有以攻为守之法，不能攻即不能守，然则欲维持其自己之品格者，安可不具有积极进取的精神，以求足应付无论何种之压迫或引诱乎。

二须有切实自信的能力也。吾国之善人，常不自问其究竟之能力几何，故其初仿佛似有能力也。及措之实事，辄有不能应付之苦，亦此所以每与恶势力相接触，而无不失败之故也。吾等平日激于一时之意气，则号于人曰爱国，然试问果自信有救国之良方，且自信有实行此良方之切实能力耶。或号于人曰改良社会，试问果自信有改良社会之法，且自信有遵此法以改良社会之切实能力耶。每见一般所谓有志之士，习于浮夸之末俗，伪为慷慨激昂之态度，然考虑其实际，则言之不由衷者有之矣。虽言未必不由于衷，然思虑未明了，计划不周密者有之矣，甚至于初未加以思虑，亦无何等计划者亦有之矣。故于发无责任之批难则乐为之，于为有系统方法之讨论则厌闻之，是以一国之善人，皆陷于多言无实，一试之实事，鲜有不立败者。故严格言之，吾国可谓无善势力可言，如此亦何怪恶势力之披猖而无忌惮也。

三须有联合互助的团结也。吾国之善人，每守孤立态度，不与人联合，不助人，亦不为人所助。古人谓：惟君子有朋。以吾所见，足称为君子之朋者，甚鲜见也。其所以如此者，原因自非一端，即无上所述积极的志愿，切实的计划，亦为甚重要之原因。盖其心中既无何等高大的目的，故能独善其身，即尽其修养之能事，更无进图联合互助之必要。此外吾国善人多骄傲，故不能与不若己者相联络，又多嫉妒，故不能与似己或胜于己者相提携。惟其骄傲也，故以为更无须求助于人，惟其嫉妒也，故亦不肯用力助人。由此，而吾国之善人，乃各各独立矣。当其与恶势力相接触也，各各保守，各各奋斗，故恶势力得以顺序而一一扑灭之，一一屈服之。且即不与恶势力相接触，力分而势弱，亦无能为天下作一事。吾国善人之无势力，此岂非一大理由乎。

四须有与恶势力奋斗而扑灭之之预备也。吾今请问所谓善人者，君等果曾有与恶势力奋斗，而扑灭之之预备耶。吾意必多瞠目不知吾此语之作何解。嗟乎，君等未曾有与恶势力奋斗而扑灭之之预备，则亦何怪一遇恶势力之接触，即为所扑灭而屈服。盖君等譬如无战斗力之国家，苟遇邻国侵袭，安有不立复亡其宗社者。君等在既被扑灭或屈服之后，辄叹恶势力之大，乃无伦比。然君等之被扑灭或屈服，初无怪恶势力之大。无战斗力之国家，虽一悍夫，足以扑灭之，即如君等乃自无战斗力，自有取亡之道也。夫社会之中，有一种恶势力之存在，吾等将来迟早终须与恶势力相接触。苟吾未有与此等势力奋斗而扑灭之之实力，则吾必反被其扑灭或屈服。此岂非极明白易见之事，而吾等乃每每不于此稍加注意，若有所恃而不恐者，果何所用意哉。

且恶势力初非有何等甚强之根基，不易与之奋斗而扑灭之也。吾等试一详察社会之实际情状，可知恶势力之根基，亦甚薄弱。其所以能猖獗如今日者，与其谓为恶势力自身之实力，不如谓为无相等或较优的善势力以奋斗而扑灭之之故。何以言恶势力之根基薄弱也？一则社会上可称为真正之恶人者，与可称为真正之善人者，同在少数，其大部分人，皆随风偃仰而已。吾人知真正之恶人，本在少数，则知苟使此少数恶人，无所假以为恶，风俗即不难丕变。如何不使彼等存所假以为恶乎？善势力苟能稍强恶势力，则此随风偃仰之大部分人，今日之降服恶势力者，必须即刻改头换面，而降服于善势力。如此则恶势力之羽翼亡，而实力薄弱矣。其次在吾等社会，恶人之无积极的精神，实在的能力，互助的团体，奋斗的预备，亦犹善人而已。彼之所胜于善人者，其精神较善人稍积极，其能力较善人稍实在，团体之中亦稍能互助，奋斗之事亦稍能预备。然皆为为利所驱，且一切之活动，亦限于彼等浅小眼光之所及者而止。故吾等苟略有更积极的精神，更实在之能力，团体之中更能互助奋斗之事，更能预备持以与恶势力相接触，如旭日之化冰雪耳，如泰山之遇累卵耳，何往而不操必胜之权哉。

吾等苟知以上之理，则知所以维持自己之品格矣。更以此种晓谕同志，劝诱而扶掖之，凡同志者，亦知所以各维持其自己之品格矣。于是联合为一种之团体，日儆戒而惕厉之，自问精神果能积极乎，能力果能实在乎，能助人乎，能受人助乎，能预备与恶势力奋斗而扑灭之乎。故不勇猛不可也，不切实不可也，不谨慎不可也，不恒久不可也，不谦逊不可也，不公心不可也。黄远庸先生曰：吾辈资格不完，抵抗力不厚，故无一事可为。黄远庸先生者乃吾辈之先锋队，与恶势力奋斗，不胜而死，此数语，则其留为后来者之鉴戒者也。吾等资格果完乎，抵抗力果厚乎，此不可不自问也。自问之不足，又必得同志之互问，有懈弛者，则众提携之，有竭蹶者，则众扶助之。如此以与恶势力争，如经甚良之训练的军队，实力既充，又能互相援应，安有不胜者乎。

顾亭林曰：天下兴亡，匹夫有责。此八字谅读者必以为滥调，耳熟而厌闻也。然普通之引用此语者，多为一种观念不明之人。试问以匹夫何以能担负天下兴亡之责，彼必哑然而笑，谓此当还问之最初之为此语者。呜呼！彼口中虽作此言，然其头脑中观念，乃不明了如此，是何怪吾国不负责任之少年之众乎。如此文所述之理论不谬，则善势力之养成，恶势力之扑灭，乃人人所能之事。即易风移俗，为人人所能之事，即拨国家于乱离之中而反之正，为人人所能之事。有志者倘有因此文而愈能了解顾氏天下兴亡匹夫有责之八字，而以此重大之肩担自任者乎，则国家之福矣。

（原载《青年进步》第16册）

共同生活的社会服务[①]

（1919年12月）

我们几个完全彼此相互了解的朋友，现在正进行用自己及社会各方面合理的互助的力量，创办一个独立自给的共同生活，为我们同将来继续由彼此了解而加入的朋友为一切社会事业的根基。我们同时做两件事：

一、于城市中组织一部分财产公有的新生活；

二、创办运售各种新书报以及西书、国货的商店。

我们为什么要做这两件事呢？笼统的说起来，我们恳切的盼望：（一）有一个独立的事业；（二）有一个生产的事业：（三）有一个合理些的生活：（四）有一个实验各尽所能、各取所需的生活的机会；（五）有一个推行工学互助主义的好根基：（六）有一个为社会兴办各项有益事业的大本营。

---

① 这份《共同生活的社会服务》宣言，是经过两次修改以后的定稿。它的初稿曾发表在1919 年12月出版的湖南新城端风团的刊物《端风》第二期“附录”中。初稿除在文字上与这份宣言有许多不同外，内容也有个别的出入。此外，在宣言初稿的最后，还附有余家菊、沈光耀，刘昌世、廖焕星、李书渠、郑遵芳、林毓兰、郑兴焕、萧鸿举、魏君谟、胡竞存、恽代英十二人的署名，以及利群书社的开业时间、名称（当时定名为利群书局），股本来源和预备销售的书刊物品的项目。又见1920年1月22日上海《时事新报》。据郑遵芳、魏君谟回忆，这篇宣言为恽代英所写。

说简括些，便是一个帮助自己而且帮助社会的法子。我们不仅仅帮助自己，所以我们处处应该记得正义、纯洁、互助同牺牲的道理，那便自己不至渐成为自私而好利的人；我们亦不仅仅帮助社会，所以我们仍时时注意自己生活乃至求学的问题；既不肯只从消费方面服伺社会，亦不肯把自己学业完全抛荒了专门向社会尽力。

再换个法子说，我们一切帮助社会的法子，无非是帮助自己，因为我们知道要社会越进化，便自己越有幸福。然而我们一切帮助自己的法子，无非为帮助社会；因为我们知道要自己能力越大，便为社会越能负多些的任务。我们很信除了为社会无法子为自己；除了为自己亦无力量为社会。

现在将我们的计划，写在下方：

（一）共同生活，最初由同人中六人组织；膳宿的费用，由公有的财产供给。

（二）营业的收入为公有的财产；同人中个人的他项收入，得由其个人自由的意志，酌量以全部或一部为公有的财产，但完全不归为公有的财产亦可。

（三）公有的财产除共同生活及业务的开销外，都作推广事业或存储以备推广事业之用。

（四）共同生活中的一切杂务，由同人分任之。

（五）同人除于一定时间服务于营业外，每人应有日课。

（六）营业的项目，暂定为：1.经营肆间不易购买的新书与杂志；2.代订不易购买的各项书报；3.代为预订各种新书；4.代派京沪有名日报。

（七）同人每日每人对于营业服务四小时或三小时；但能为共同生活加增他项公有财产者，可酌免服务。

（八）有价值的书报，无论销行与否，总须办到，以供给社会多数人乃至少数人的需要。

（九）同人服务的时候，最应注意手续清楚；对于业务上表册簿记，信件来往，及一切事务，夜间由同人共同料理；每月底向各总发行所清帐汇款，决不愆期。

（十）无论是否买书的人，可以在营业处所观览，算兼办了图书馆一样。

（十一）同人作课服务，都须勤勉精密，同时不得忘诚实互助之旨。

（十二）关于改进现有事业及推广事业，同人应常有聚议。

（十三）加入新分子时，由同人提出，用不记名投票法，得全体之大多数同意，然后欢迎之。

（十四）推广事业之计划，有下述五方面：

甲、加增共同生活及服务的人数；

乙、共同生活中音乐、体育及其他方面之设备的进步，且进营乡村的新生活；

丙、关于同人衣、食、住及求学费用的完全供给，乃至完全供给同人家庭中儿童教育、老年休养的费用；

丁、进办他项生产事业，如印刷、售物、森林、畜牧之类；

戊、进办他项有益社会事业，如兴学办报之类。

就以上所说的话，可以知道我们的痴望很大，这现在所做不过是第一步罢了。又可以知道我们所说公有的财产，虽然亦用以供给我们的费用，然而这财产究竟不是我们任何个人的，亦不完全是我们全体的，多少有些归为社会公有的意思；因为他除了供给我们正当生活的费用以外，其余都完全应向社会有益的方面使用。

所以我们的新生活，不是只顾小己幸福的；我们的营业，更不是只顾牟利的。我们乃是就今天自己力量所及，确立一个有幸福的生活，而且亦结成一个有能力的团体，永远向社会开发；如此的前进前进，一直到我们的理想，靠我们的奋斗实现出来。

我们为什么要共同的生活呢？因为我们原来久已是志同道合的朋友，在品行上、学问上实行互助的功夫的地方很多；所以我们很相信若能住在一块，彼此切磋观摩，精神上既感愉快，学行两方亦必然更有大大的进步。至于生活的压迫，亦比各人单独的生活减轻些。

我们为什么要有公有的财产？我们很觉得私心是一切罪恶的根源。我们要使生活有兴趣，应该渐使我们接近自由工作的世界，我们不是为金钱而工作。我们的工作，乃是求我们能生活，并不是求我们有余剩的私产。自然我们在这种家庭社会之下，要使一切都归公有，是不可能的事；即如我们自己每个人都有新旧两重生活，要使我们所有的一切都归公有，亦有时办不到；然而财产公有是铲除私心的良法，我们应该在可能的一部分实行起来。所以个人的收入，可任他意志的自由以全部或一部归为公有的财产，然而完全不归为公有的财产亦无不可，这些事不必问什么理由，随各人志愿办理。至于营业的赢余，那便完全用不着讲什么分配了。若我们是向上的人，有剩余的金钱，亦无非用在社会事业上，我们为什么要分配了各人去用，不让他合在一处，让大些的款子，得以做大些的事呢？我们亦深信若一方因共同生活减轻了生活的压迫，一方把私有同金钱的分配制度打破，我们将永远互相了解，而且比今天更了解些。因为，说句卑陋然而真实的话，朋友的不了解，每每是金钱离间了他。社会的事业要最能彼此了解的一些人才能做下去，所以我们盼望永远避免金钱的离间，做一个最能服伺社会的团体。我们为什么要营业？我们觉得像我们今天这微弱的力量，与其做分利的事业去服伺社会，不如做生产的事业去服伺社会；这两方面的事业，同一是对于社会有益，亦同一是我们今天社会所需要。我们想营卖书报国货，一反平常市侩惟利是图的习惯，多从文化方面着想，我们靠营业的赢余，可以维持个独立的生活，而且有做其他生产乃至分利的社会事业更大的能力；同时社会仍得着对于进化需要的书报及其他商品，我们所以选这做我们下手的地方。我们的新生活怎样处置妇女？这对我们，现在无法解决。然而我们盼望第一步的营业胜利，第二步便当将同人有妻室的酌量搬到此处，租个大屋，住居一处，这同住是极平常的事，然而便可以做女子互相交际、互相教益、以至共同工作的预备。我们急于要求女子常识的完备，工作的勤敏，至少能够维持她独立的生活。亦盼望她们智识感情的进步，有一天要感觉得共同生活、财产公有的必要，像我们今天一样。但在她们自己感觉以前，我们不愿勉强她们过怎样的生活，因为我们没有权柄勉强她们。然而假令有不向上无觉悟的可能性的女子呢，我们不盼望有一个人是这样；果然这样，那亦许要置之度外，不怎样处置她。

我们对于这正进行的事业，很有无穷的希望，很愿意谨慎而且勇猛的做工夫。但是这事业是少成例的，我们对于生产的营业，这又是破题儿第一次，我们自然要用自己的力量奋斗，而且用自己的力量使他成功，但是我们的力量果然足够吗？现在的计划果然是走的成功之路，不是失败之路吗？这其中盼望有心君子辅助我们，指导我们的地方还多呢。

（原载《端风》年刊第2号）

未来之梦

（1920年10月）

这样个题目，在五月间已经做过了文一次，但时移势异，到现在有许多的梦已经醒了，或者不愿再做了。记得五月间我们几个北京的朋友，常常谈这一些梦话。六月底的时候，武昌会员每每开了会后大家亦是畅谈梦话。谈得醺然欲醉，真是想得令人觉得犹有余味。古人说，过屠门而大嚼，虽不胞［饱］腹，亦足快意。何况我们只要自信，只要努力，合大家真诚向上的精神，勇猛无前的力量，不见得一定这都是些空话！朋友们！我们今天何妨再来共同的做一个大梦！倘若被后人说几句，“理想者，事实之母也，有志者事竟成，岂不信欤？”那便是我们最快意的事了呢。

我这一篇文，自然是叙述我的梦，以及我所知道的些朋友的梦。但是这中间的话，亦许有许多不确不当的地方，亦许有许多不周不备的地方。我们的朋友，还盼望各人仔细阅览，仔细批评。我们要做一点事，不可不先结一个死党，要结一个死党不可不先有明确的公共的目标。大家谈谈未来之梦，便是我们建设公共目标的方法了。

这一篇未来之梦，要分作几段讲：

一、利群书社的前途

关于利群书社的前途，我们最近的计划，经了一个大改变。从十月以前，大概我们的活动完全精神集中于书社。到十月的时候，我们觉得书社从开办到现在，经济状况，总只出入勉强敷衍。历次社员捐款，都只能用以维持现状。这实在是不容满意的一种情形。所以我们对于书社，改变了一种态度。

我们因为要有一种组织，以练习且完成共同生活的必要，所以我们定然得有一种生利事业，为我们经济的帮助。而且我们盼望，这一种生利的事业，将可以生许多利益，将来为同志有学力时企谋他种发展供给资本，这所以令我们十分注意于书社。

就半年的经验，书社大概只好维持现状，甚至还劳同志补助。这样说他可以帮助别样生利事业的发展，怕不是眼前的事。不过我们究想若没有书社，我们仍盼望有个共同生活。这样，那便书社入款虽不够用，究竟是我们的一个补助。我们便为这一点用处，决定拼着忍受不能免的损失，去维持他。好在这种损失，社会亦能担负。我们原不为营业而营业，那便亦不能全看营业情形，以为维持与否的标准。

不过我们若有方法求营业情形进步，我们自然应加意努力。我们的观察，两种事都可以使我们营业情形进步。一便是加售教科书或文具仪器，一便是将书社地址搬到察院坡。若能各件事同时办起来，那便更好了。因为我们的开支，大概是固定的了。便加入服务的人，亦各系自任伙食，于书社不生影响。便令房租稍为加增一点，或营业的方便，须加增几个由书社担任伙食的服务的人，至多每月开支不过多到三十串左右。若营业项目扩张，营业地址改变，收入余利，定然不止此数。所以我们的意思，为书社前途，求他个至少自给的方法，必对这两项之一，或同时对这两项求个积极的进行。

我们盼望若能得千元左右的款，定然同时把上说两项一并做到。这样，我们很有把握，按年可以有千余元或数百元的余利。如此书社不但可以自给，而且可以能成就个生利机关，为我们作别事的帮助。但现在筹千元左右的款子，还没有把握，我们亦想筹得几百元的款子，先搬到察院坡去，或先扩张营业项目。这样些事，在所必办，不过迟早便无一定。

第一步我们是要求书社可以自给。苟可自给，便令没有余钱，社员在书社外的收入，将来亦可供各种发展之用。但是我们不能不盼望书社不仅是自给，因为我们为团体为社会要做的事太多了，不能安于自给为足。

我们以前以书社为惟一重要根据地，所以无论如何艰窘，我们不愿掺杂一点非我们性质的金钱进来。不但不愿招股，亦不愿募债。不但不愿募任息的债，便不任息的债亦不愿收。我们所欢迎的，只是一种捐款，或存作买书等费的存款。但就我们现在的意思，我们要在书社以外，在乡村中两三年内另立一个根据地。书社我们亦想略取开放主义，招募任息的债款，或名为股本亦可。大概我们的利息，以一分至一分五厘为止。借债的人，总以平素于我们的人格同事业有些了解、信托的为主。内部生活，仍然不改现在办法。我们除付息及定期还本外，没有什么义务。

我们因为想在乡村谋个更可靠的发展，几于有人想索性暂时丢了书社，干干净净为他谋个结束，大家用全力到乡村的事业上去，将来乡村里农业、工业的余利足够大发展时，再来图个卷土重来之计，索兴［性］建设个大规模的商业来干干。大概要一些人到乡村里去图发展，这是大家承认应当的事。谈到丢掉书社，有许多人都不很赞同，而且事实上亦不易做到。因为书社的成立，商品多系靠信用来的。顶替给人家，得不着可靠的人，怕将来生纠葛，贻累我们。一齐退还发行所，有些书报又怕武昌没人再采办。再书社的宗旨办法，向来为一般同志乃及顾客所注意。若收束了，在我们是另图发展，人家还以为是不能维持。于我们乃至新文化运动的信用名誉，亦有些不好。所以丢掉书社，大概是做不到的事。

就维持书社说，除了金钱的困难外，服务的人时有加入、退出的事，亦于团体事务、生活秩序每感困难。但这种办法，亦可以督促我们找新朋友，加增新分子，究竟亦有好处。苦痛是不能全然避免的，但求能于团体前途有益，决无轻与舍弃理由。

二、乡村教育与乡村实业

因家菊、启天在长沙第一师范的努力，该校第二部，可收鄂生，只出伙食书籍费用，一年卒业。家菊等做这一件运动，以便利湖北教育革新为主。所以他们盼望去的，必不要仅是中华大学的人。对于书社同志，多未在中学卒业，前曾有人提出脱离学校问题的商榷，所以他们亦提出两层注意点：便是一须真愿做乡村教育的事，一须暂时不作升学之想，切嘱不可以一时感情，冒昧决定的走这条路。

我们严重的讨论过后，觉得除了一切别的理由以外，为团体谋一个更可靠的发展，很宜于有人研究小学教育。便因这，我们共同生活的前途，多了一层快活的梦。现在我们说别样的发展，每每限于金钱能力，自己没有把握。不过谈小学教育，在我们能力中，总要算比较最有把握的事。在乡村中借教育运动，得一个站脚的地方，渐次再图实业的运动。这样我们便多一条发展的路。

比方到长沙一师第二部的同志，明年暑假卒了业，他们要找一个最便于发展的地方去办小学。或者将来我们还可以有更合宜的地方，眼前姑且假定是毓兰那里的濬新小学。这小学从前胡亮寅办得不错。后来亮寅走了，毓兰极力找合当教师，找不到手，因此时停办。我们知道毓兰同其他与此校有关的人，都很关心恢复此校。而且他们的校址，便在毓兰家中从前所建的一个庙里。若办了学校，稍为费一点力，庙产还可变为学产。这样，便有田地，有森林，一年亦可收得几百串文的出产，可以供别样发展之用。说少些我们现在只求有个小学校址。这小学一班，至少必得两个同志去办。因为这样，才彼此于教课之余，有余力照顾儿童，有余力自己研究，有余力试验乡村农业或工业。到乡村去的人，只求可供衣、食、住、书报的费用，不望有余钱。果有余钱，只用以增加教育设备，试验各种实业。假如除上说两人外，还容得一二人去，以实业为主，教育为辅，只须可以衣、食、住没有恐慌，这样办法更易求实业方面的成功。因为我们究竟注意的还是在实业界的生利，可以为大发展的预备。

我们此时的实业运动，大概注意养鸡、养鱼、养蚕、畜牧、森林，渐进为纺织之事。起首总从不需多钱的入手。自然将来买山兴业，总不免资本，但乡间营业资本，可以百元计，不比都市中必以千元计。那便乡村的发展，是我们能力可行的事。这种资本，还拟由都市中同志筹出。

我们盼望将来都市中的书社，乡村中的学校与其他实业，可以彼此互相帮助他的发展。乡村的实业，若能有个成就，不但金钱方面可帮助书社的扩充，亦可为学业有把握的高等专门的同志，供给试验学业的资本，亦可养出一班同志趣、可靠的小朋友，为我们各种事业的帮助。

我们亦盼望有了余钱，建筑起我们新生活的房子。假定这房子有十间房，此外图书室、工作室、浴室、食堂、游戏室、厨房、储藏室、厕屋等，约共一层楼二十间房。乡间用土砖砌盖，大概要不了两千串文。这两千串文，盼望从都市、乡村两处利息，及同志别方面的收入抽出。这是完成共同生活必要的一步，盼望能于最近四五年间实现。

我们开始的计划，总想先有同志进高等专门学校，研究农业、工业，将来再作大规模的企业。但现在却改变了一种想法。因为这些同志，大概非家境不能供给升学，便是与父兄志趣不合升学极为困难。即令金钱上升学没有困难，亦许中学卒业后，升学考试失败，或考不进他预定愿进的学校。况再进一层，自己没有一点农业、工业经验，便不知功课何处重要。对于现在稗贩来的农工业知识，亦不知怎样求他个本国化，这样所以亦许学习了专门知识去企业，仍然没有成功把握。这种企业，规模既大，资本必多，成功固佳，倘若失败了，或非我们所能忍受。所以还不如此时借小学教育站住脚跟，到乡村去用试验的法子去硬干。起初用老法子，再渐渐自学些科学方法进去。这样，经验亦许一样教我们长进。果然将来觉得有不能自学，有进高等专门学校的必要，而且那时自己实在的程度靠得住，团体的经济实力，可以使求学的没有辍学恐慌，那时再说升学的话，比今天盲目的虚荣的升学好。

三、怎样多结识新同志

我们既盼望要用共同生活去谋与社会服务，那便将来各方面事业，须得有能力的同志，越多越好。但为团体的名誉与安全起见，介绍新同志，又不可不十分审慎。我们现在第一盼望旧有的同志，每个人要有善处群众、善理事务的修养。将来假令没有新同志加入，我们的事业一样能圆满进行。但亦盼望同志在各方面努力，多注意纯洁向上的朋友，用各样方法求彼此了解。我们现在用的法子，大概如下所拟：

1.注意交朋友，这一层是极容易说的话，但可惜我们大概有个共同的惰性，不肯去做。所以精神每嫌过于对内发展了，而且便团体内，亦嫌太对亲近些的朋友发展了。这种行为，很有害于我们事业前途，须得极力矫正。团体内须从某人对某人相互了解，某数人对某数人相互了解，进到无论何人对无论何人相互了解。团体外我们须极力认定须多牺牲点精力时光，去找朋友，造朋友。我们原来介绍新社员，须得全体旧社员通过。这是力求慎重的原故。但我盼望新社员的加入，一方从新社员的人格上看，一方从介绍人的信用上看。介绍人切不可稍涉大意，但新社员既多不为旧社员所熟悉，那便有些时候，不能凭自己的臆断，宁应看介绍人慎重的程度，去作赞成、反对的标准。不过新社员未加入时，宜注意多介绍与旧社员来往，既加入后宜求每个人对他有个相互的了解，这是很重要的事。

2.多结修养或读书的小团体，这是我们一向做得最有成绩的事。我们仍当本着不拘名义、不拘办法的老法子进行。因为这是找朋友、造朋友的好法子。

3.刊印《互助》。我们若能将书社中每个同志的行为志趣，使每别个同志知道，使大家注意讨论团体的现状与将来，这于团体意识的形成极有关系。说大一点，若能将各友社每个同志的行为志趣，使别个社的别个同志知道，亦使大家注意讨论我们的现状与将来，这于我们大家了解及介绍共同生活的新分子，亦极有益处。这所以我们以前有《我们的》那种印物，今天咬着牙齿定要把《互助》付印。

4.办小学，我们不仅想在乡村中办小学，亦想在城市中办小学。只是城市中得不着合当的校址，亦还缺少经费与教员。我们此时能力还不宜多向消费的方面用。然而城市中想能办生利的教育，现在很不容易。所以大概乡村教育总须先办。

5.办理想的寄宿舍。从前拟了个这种寄宿舍的办法及说明，现在写在下面：

（一）这寄宿舍专住多少有点觉悟的同志，住居人数多少非所计较，但无志向上的人不收。收进来了的人，倘若发现他放荡昏惰，无可救治，还请他出去。

（二）寄宿的房屋太小，规定捐款。捐款少于全屋租金，共同财产担任，捐款多于全屋租金，编入共同财产中。

（三）寄宿舍的伙食，最好轮流自理，否则与公请的厨房直接交涉。

（四）寄宿舍因公共安宁及便于德业进行起见，由我们规定基本规约几条，余均由寄宿的人公同自决。

（五）常办书报室、游戏室。管理的人共同分派。但游戏室非规定时间不得入内。

（六）会客规定一定时间，且在一定的会客室。

（七）每星期一二次临时演讲或研究班。

为什么急于要办这件事呢？一则可以为觉悟些的同志，预备一个完善的环境，使各人的优点越进步，弱点越改正，一天天比现在更健全。二则觉悟些的人住在一处，便于彼此切磋，以至于互相了解。我们盼望在这中间得些有力的朋友，加入我们的事业，即令不然，他们自己能因了解而结合，做他们所信为正当的事业，亦是一样。三则让他们都享受些正当生活的新空气，养成些自动互助的好习惯，他们要觉得共同生活是应该。

朋友不了解，是苦极了的事。而所以不了解，总不出两个原因：一因彼此不接近，一因品性上各有弱点。若有这寄宿舍，彼此便接近了。而且品性上可以互相砥砺，以底［抵］于至善。如此，若能渐进于共同生活，脱离了金钱的离间，自然能彼此如一个人。社会上一定要有这样的朋友，才能够同力协作，分工易事各尽其妙。

许多少年，得不着好宿所，许多少年，品性学问上得不着好朋友、好指导人。如有这寄宿舍，自然这个问题解决了。还有许多可感的同志，盼望加入我们共同生活的团体，然而我们因为有多少不了解之处，为慎重我们团体不敢轻于答应。有这寄宿舍，我们亦可以由比较不了解，而进于了解了。

这寄宿舍仿佛同青年会一样，但有两点不同：一、没有宗教气味，自然我们不管他什么孔、耶、佛、回，都不能像他们教徒那样迷信他。二、我们不是博施济众的性质，我们很小的力量，只好用在易于收效的地方。所以只好忍心把希望少些的朋友丢了他。

四、共同生活的实现

我们若不能得一个共同生活，若不能得一个共产自给的共同生活，那便我们还怕不能胜过恶势力的压迫及引诱，将来不但无以服务社会，且为社会之蠹。要来共同生活的实现，第一须解决妻子生活问题。这件事我们在上半年便曾大大努力一番，可惜垂成而败。但我们究竟要认这是急要的事。

不过就现在想，从前的盼望，在都市中实现共同生活，实在是错误。都市中生活程度既高，我们拘于都市中，发展不易，所以团体内工作不多。同志在团体外既不敢必其有安定的职业，失了职业，又不能必有团体事务可做，这样所以同志仍不能免生活的恐慌，因而不敢放手去实行共产的主义。就现在想，共同生活，断然要在乡村中实现。那便是说从办乡村教育起，渐求建筑房屋，从那里把同志的妻子搬在一处。究竟现在同志的妻子，多是乡下人，他们在乡中多少亦很要做些工作。这样不如不要他沾染城市习气，仍使他在乡下住的好。我们的乡村事业，只须有些成功，妇女工作，不致无事可做。便男子若不愿或不能在城市中谋生活，亦不妨下乡去。养蚕、养蜂等事业，需本甚少，容人很多，不比仅在城市中，有失业的恐慌。

我们谈到共同生活，每每连带有些弟妹等问题，须烦本身解决的。若共同生活预备在乡村中实现，这种问题亦易解决。因为果有弟妹，他的教育，自有乡村小学担任。他的生活费用，尽可团体担负。自然乡村的小学，要利用儿童合当的力量，帮助成人做生利的事。如采桑、饲鸡之类，儿童亦不定是全然分利者。假令弟妹是城市中生长的，移到乡村去，环境改变，勤劳朴实的修养易于成功，还可望他人格长进。

这样我们便以乡村的共同生活，为我们解决自己问题的重要一步。我们自然不能都在乡村中做隐士。不过那里是我们的家庭，是我们最重要的利源，是我们最后的退步。我们盼望这样便可以全然共产，实行各尽所能、各取所需的理想。但在最近期间，每人规定非有别项收入可以自给的，必须为团体的工厂、商店、农场、学校或其他事业，作每日六小时工作。将来盼望量团体力量，可减工作到每日四小时。但不想完全到自由工作的田地。因为自由工作原是极应该的，但我们不可只注意自己得个极乐的生活，便满足了。我们宁多做点工，多争［挣］点钱，为社会谋别样的福利。所以工作至少不应少过每日四小时。

衣食住完全由团体供给，但只可布衣，不过二十岁不着羊裘。食则会食（产妇、病人在外），每日三餐。居住则在公有的房屋中，只有各别寝室，读书、作工都规定公共地点。

产妇生产前后两月，可免其作工，调养费由团体供给。病人亦免作工，其期限由医士诊定，医药费亦团体供给。

婴儿生两月后，惟哺乳仍由其母，抚育的事，举专人担任，免碍女子工作。其所举的人，以受过保姆教育的为宜。教育费用，由团体议决担任。求学须参酌个性长短，与团体需要两方决定。

同志或其子弟，可以随时脱离共同生活，但不得挪动共同生活的财产。

团体的许多事务，须时常会议。在共同生活未成立以前，及初成立时，尤须加倍注意讨论一切兴利除弊方法。因为这种理想的生活，于实际上究有如何价值？这种生活的改变，于实际上究是否可以成功？或者仅会闹出一些笑话，不可不十分注意！

成年乃至幼年男女，苟有需教育的，大家自然有相互教导的责任。有时或需出薪金聘指导的人，亦只看团体担负能力去办。

要求共同生活进行的圆满，第一是要求每个同志的充分了解。第二是要求团体内部生产机会的加多。这都靠首先到乡村去的人去经营了。

五、教育方面的运动

除了办小学外，我们亦还有预定的几种教育运动。在我们从前只想在都市中努力的时候，曾拟有几种办法。现在从前次所做《未来之梦》中录下几节，因为这种事现在仍须注意做。

1.自修会，论说办学校，自然比办自修会好，然而投入已成的学校中，便被他各种旧势力抵消我们的力量，而且有许多不得不做的些不必做的事，实在糟塌［蹋］了许多我们有用的精神时光。若想自创学校，便只就一个中学说：一则没有钱办那粗具规模的房屋仪器，再则没有那些良善有能力的教师，三则难于与那些官厅及老先生们讲应酬。所以我想若要做切实有效益的事，只有自修会好。

我现在把理想的自修会办法，写在下面：

（一）这会以自学辅导为主，最重自力研究。收高等小学卒业程度以上团体内外的少年，亦以多少有些觉悟的为主。

（二）这会不立案，亦不给证书。

（三）这会不收费。

（四）国文、史、地，由指导人指导应参考的书章数节数，及指导研究方法。英文最初由指导人略加教授，总以引入能自学为主；自然科学由学生实验研究，教师略加辅助；数学由学生自己练习，教师仅做审查辅助的人。总之教师只能在必须辅助时加以辅助。

（五）参考书及实验仪器，由共同生活量财力、量缓急备置，以渐求其完备。

这种事业的好处，一可以使无力升学的得着他需要的学业，二可以使他们得着自修的益处同好习惯，三易于成功，无办事的困难，四可以帮同志的人读书，亦可以帮来读书的人变成同志。

但是我们这亦不是博施济众的性质，那些仅为想占这便宜的人而想来读书，我们不能收纳。所以我们这不是什么学校，是有志青年的互助团体。

关于购置图书仪器，我们不能不盼望靠共同财产。我们亦已经有许多共有的书报，再能逐渐添置，如此的做下去，总有一天大备的日子。

指导人最难找，我盼望在高等专门卒业或肄业的同志，看清选定他将来的事业，加力预备。亦或可于团体外用薪金，或不用薪金，找着朋友，每星期牺牲二三小时在几方面给些帮助。我很觉得才办的时候，一定不能教自己满意，不过做得一点便做一点，做不到的地方宁可放着，不须敷衍。有这事业了，我们的些同志，亦好有个预备的目标。我总信这是可以有一天进到完备地步的，比一切学校都有希望。

2.工读介绍社。这是一件博施济众的事，亦须靠外力赞助才能成功，所以成功是希望不多的事。不过倘若能够成功，我们总应该于其中加些努力。现在把理想的工读介绍社，写在下面:

（一）以代学生乃至一般青年找工作，略补他们求学费用为宗旨。

（二）工作每日不过四小时，收入只求可供他求学费用全部或一部，责任越限于局部越好。

（三）只任介绍，用黜不问，亦不受酬。

（四）工商各界，凡需用人为学生所能任的，请其将事务、薪金通知本社，以便介绍。

（五）求业学生，亦请其将能力、志愿通知本社，以便代觅工作。

（六）只须一二人招呼来往函件，无须基金。

关于工读的事，我们不能不说工读互助团办法最好。然而集合不了解而生活能力很小的人，组织这样团体，实在是很少成功希望的事。这所拟的办法，只是帮助贫生用劳力换与学费之一法，没有什么共同生活意味，亦不管他终身工读与否。不过有志以工资读书的穷学生穷青年，总是值得帮助的人，而且这亦仍然有养成勤劳、俭朴风气，沟通学业、职业的功效。于一般青年学业，乃至生活前途有益，间接亦便于他们的品格同志气有益。因为品格志气的堕落，每以学业不长进，生活太困难，为最大的原因。

迟早这件事总是可做的事，姑且说在此地罢。

3.小学教育运动。我们同志的能力，虽然薄弱，然而创办，或在各处改造乡村小学，这还是做得到的事。不过能办小学的，找不着合适的教师，能充教师的，养不成很充分的能力，乃至总不能成就一件事。

而且乡村小学有三种事情，教热心的同志不愿去：一则学生十余人，每年修金百余串文，只能养一个教师。所以做教师的，一天忙到黑，事做不完，便身体亦怕受伤害。再则因此没有时间读书，而且到穷乡僻壤，没有朋友可以在品性或学业上彼此互相切磋。三则那种修金养家都怕不够，自然没有多余为自己买书求学的用，所以自己于将来亦未免绝望。

我们若照前面所说，我们有共同生活实现的希望，自然没有自身或妻子生活的恐慌。我们的同志中，尽多就能力境况说，宜于暂时做小学教师的。所以我想最妙莫如采些教会派遣牧师的方法，做一种有系统的教育运动。那办法如下：

（一）团体内若能对于有志小学教育的人，设一种研究班，于短时期完成他教育家品性同技能，亦是一法。若长沙一师能为我们常川这样供给个研究小学教育的第二部，那便更可望成效圆满些。

（二）团体内外的同志，创办小学，须聘教师的，每班指名一人。由这人再找一个最了解的人同去。如愿一人独去亦可。

（三）无论一人去或二人同去，学校仍只供给伙食，照原定薪金付给。二人不分正副教员。此款除在共同生活未实现以前，或须以一部分供给同志妻室必要的用费外，余归共同财产。

（四）此项薪金，至少不得过每年一百串文。任期预先约定，至少一年。任期满后，须得两方同意，才可连任。任期未满即令有故，必仍须由本团体更换派送。但原指名的人自动辞职，不在此例。

（五）若能于教授外营各种生产事业，本利都归共同财产担负享受。

（六）教授中如有为教授进行，或学生或地方的利益应做的事，由共同财产量力担任。

这拟定的办法，有几层可注意之点：第一，教师由聘的人指名一人，由这人另找一个最了解的人，都是取大家相信的意思。若指名的人得不着心性相合的人，或为自身妻室生活问题，须得一个人独去，亦无不可。不过两人同去，于照顾儿童，研究学问，企谋副业，有许多便利。非不得已，总以两人同去为好。同志中相互了解程度有深浅不同，这是事实，不必隐讳。但我们宁须趁此时极力求相互了解的增进才好。至于共同生活未完全实现以前，各人有家庭系累，亦是无法之事。但只要有余钱，总宜多归些于共同财产。这样才可以促进共同生活的实现。第二，任期有一定年限，期满须两方同意，才可连任，这是为两方的便利。至于期限以内，不得更换，即更换亦必仍由本团体派送继任的人，这是因有预计教育乃至地方事业乃至所企谋副业成功的便利。自然这种办法，有些似乎把持。但在这聘教师的人，自己先能信托本团体。而且教师果不称职，可由本团体察知，亦可以由聘请的人，告知本团体由本团体撤回。总之我们只要于社会有益，决不让不称职的教师贻误人家。而且指名的教师，若自动的辞职，我们为聘请的人方面的便利，便牺牲企谋各种活动的成本，亦所不惜，决不愿稍为强勉他怎样干。第三，为教授进行为学生为地方有许多要做的事，由团体供给金钱，这样免得事业每受学校经费限制。但这自然一须确系学校无力设备，二须团体能力所做得到，三凡团体金钱所购置的为团体公有。

我们从前想借这种小学教育运动，帮助同志升学。究竟现在想，若团体没有发展，升学总非易事。所以现在的注意，移到帮助团体发展上去。所以规定薪金余钱，捐入公共财产，而且随处注意副业的获利。果然团体发展了，升学的费用，自然惟团体的能力与利益是视，不须设别的什么规定。

六、与资本家决斗

这以上所说的话，自然是太多注意了我们的共同生活。但我们的共同生活，原是社会服务性质的，亦原是愿意与社会公共享受的。眼前我们不愿一点扎空架子，利用不能放心的分子，凭借一种不良的势力，所以我说的话都卑之无甚高论。

我们的意思，要改造这个世界，一须做一个共同生活的模型，使世人知道合理有幸福的生活是可能的事。一须我们大家协力，不但解决自己及家庭生活问题，而且要有力量与资本家决斗。怎样能与资本家决斗呢？固然我们可以组织工会，鼓吹罢工，用阶级战争为推倒资本家的方法。但我想要为世界求一个最后的解决，仅仅靠鼓动争存的单纯天性，总还不够。最好莫如利用经济学的原理，建设个为社会服务的大资本，一方用实力压服资本家，一方用互助共存的道理，启示一般阶级。而且靠这种共同生活的扩张，把全世界变为社会主义的天国。我们信个人主义的新村是错了的，个人主义的工会罢工，亦非根本良法。若用一手一足之劳，想逆经济潮流与资本家争胜，这是工读互助团的覆辙，亦决不是法子。

我们盼望组织合理限度劳动的工厂。组织这等工厂，既不纯为求利，那便作工时间，工人待遇，极力要从理想的方面办。依我们想，这样的工厂，工人男女都作工六时，不给薪资，衣、食、住由团体供给，儿童公育，老年公养，总之纯然与我们共同生活内部一样。其中没有司事股东的侵蚀，余利都留作工人教育、工厂卫生及他项发展之用。这样似乎资本家必不能势力相敌。我们便靠这长驱直入的打破资本阶级。

最近四五年间，我们的同志大概有能经营工厂的。但我们所能供给的资本，或者只可以四五百元计。那样便只可从小工业做起。但我们信只要我们品格不变，学力加增，我们理想的工厂，定然不久实现。那个时候，有个进行共产主义的资本团体。我想比无论何种运动功效都大。

最后我们有几件事要注意：

一、我们虽然要建设资本团体，但不是盼望我们自己做资本家。我们无论是办学校办工厂，都是要变那些学生或工人，做我们共同生活的分子。我们永不应比人家享受高些的生活。我们只是使自己与自己可以效力的人，大家有个最低度的合理生活，把余剩的金钱同力量，用得去改变世界到我们一样的地步。

二、我们虽然是盼望有个好生活，但我们为的只是有了好生活，好没有一点牵挂，把金钱同力量尽量散布到社会上。我们是共同生活的社会服务，是社会服务的共同生活。局部的改造，乃全部改造的第一步。所以我们总不能自安于局部，我们的力量总要征服环境。我们的目的，是在造一个圆满快乐的黄金世界。

三、我们分子的出入，应该是绝对自由。因为这原是企求自由的一个结合，若加入了这结合，却处处受些自己不愿受的限制，未免失了结合初意。我们只应该大家努力，教这种结合实在可以满一般向上同志的意，不致有不愿加入的事。若当真不愿加入，亦用不着什么勉强。

四、我们这不是博施济众的事。虽然我们盼望团体一天天扩大，有力分子一天天加多，然而我们加入分子，先须经审慎考察，总须多少实在有些觉悟。

朋友们！以为我这些话怎么样呢？我们的团体，是不是该走这样的路？你预备在这中间，担任那些事情呢？精思、慎择、立志、力行。这是我们帮助自己，帮助朋友，帮助社会人类的一件大事呢。敬祝我们大家大努力！大成功！

（原载《互助》第1期）

做人的第一步——比研究正确的人生观还重要些的一个问题

（1923年5月5日）

有许多天性纯厚的青年，有许多好学如渴的青年，他们都说希望做一个“人”。他们是真诚的这样希望，没有一毫虚伪欺饰。

我们希望做一个人，我们应当研究“做人的第一步是什么”？

有的人说，要希望做人，须先养成一种正确的人生观。这话是对的么？我可以说，这话不对。请问：因为你今天自信没有正确的人生观，真的遂不相信人应当做好人了么？真的遂不相信人应当做一个有益于社会的人了么？但十个人有九个都十分相信人应当这样，没有一点怀疑。然则你与有正确人生观的人，有什么分别？

你说你虽然知道人应当怎样，但是你不明白人为什么应当怎样。所以你相信便是因为这样，终究未能成为好人。所以你相信便是因为这样，要最先养成一种正确的人生观才好。然而你错了。你以为人明白了为什么应当做好人，他便会勇猛的去做好人么？谁不明白卷烟中间含有害人的尼古丁，所以不应当吸，但他能因此便不吸卷烟了么？更有谁不明白鸦片是杀人的东西，所以不应当吸，但他能因此便不吸鸦片了么？我们有几多明知应做，而不肯做的事情？倘若你有了正确的人生观，你明知人应当怎样，你便能怎样做么？我敢说：你如不早些养成一种实践的习惯，则正确的人生观，对于你只好帮助一点谈话作文的材料，决不能帮助你做一个人。

有的人说，要希望做人，我们只有从今天起不做坏事。这话自然是不错的。但是你相信你便能够不做坏事了么？你一定知道许多终身不杀人不放火的人，他做的坏事比杀人放火还利害十倍。放弃职守的官吏议员，无形中给人恶影响的父兄师友，他们做的坏事，都是无形的，或者自己亦不觉得的。你自信你绝对没有做他们那样的坏事么？一般的人，为父母妻子的生活，为衣食居住的体面，不得已要去争夺饭碗，抢劫权利；不得已要去从事奔竞，贪恋权位。他们做的坏事，都是无法的，或者自己亦不愿意的。你自信你绝对不至于做他们那样的坏事么？

我们责备人家，诮骂人家，常常是很刻薄周到的。我们能用那一样刻薄周到的办法对待自己，我们就可以看出我们做了的坏事，或将来免不了要做的坏事，还多得很。我们要做人，决不能因为我们不觉得的做了坏事，或者没有法子的做了坏事，便原谅自己。我们要做人，定要有个把握，连这些坏事都不去做才好。

所以我敢说，做人的第一步，不是去研究那玄远的什么正确人生观，以养成高谈阔论的习惯。我们要研究今天怎样教自己做事，然后真的且永久的能不做坏人。

青年要读书，不读书，你将来没有什么可以供献社会。那便你纵然想帮助社会，亦没有什么可以拿去帮助。但是真有志的青年！你不要把读书太看重了。你要有把握能与恶社会奋斗；你要有把握能克服恶社会，然后你读的书，可以帮你为人类效力。倘若你不能奋斗，或你不能克服恶社会，那便你纵然读了书，你读的书，恰只够你拿去帮一般恶魔害人，以自己混一碗饭吃。所以真有志的青年！你固然要读书，你读的书，最要能帮你奋斗，最要能帮你克服恶社会才好。所以你最要能懂得社会，最要能懂得如何是改造社会最好的方法。你能克服而改造恶社会，你才不至于会受他们的引诱或逼迫，你才能达到你做人的目的。

自然我们同时不能不注意我们个人生活必需的各种知识与技能。自然亦有时候，因为我们在现在制度之下，有些知识与技能，虽然我们自己明知是不急要的，然而不容我们不学习他。我们应当用几多力量学哪一种学科？我们应当比较多注意于哪一种书籍？我们应当按照我们做人的目的，怎样去选择，去学习，去应用他？这都是我们必须讨论的问题。这些问题的切实而重要比研究人生观还要紧十倍。

除了读书以外，我们还要在做事中，应用我们在书本中所学习的知识。我们还要在做事中，寻来我们在书本中所未曾学习的知识。我们知道一点，便要勉强去做。做了以后，一定会发生困难。在困难中间，我们应研究这是证明我知道的道理不正确呢？还是这原来是免不了的困难呢？我们应研究要怎样改变我们的行为，或者我们要怎样避免、或克服这样的困难。这都是我们必须讨论的问题。这些问题的切实而重要比研究人生观还要紧十倍。

我们不要只知望远，不知望近。我们不要只知力学，不知力行。我们真要做人，我们应当注意做人的第一步。

（原载《学生》第10卷第5号）

《中国青年》发刊词[①]

（1923年10月20日）

政治太黑暗了，教育太腐败了，衰老沉寂的中国像是不可救药了。

但是我们常听见青年界的呼喊，常看见青年界的活动。

许多人都相信中国的惟一希望，便要靠这些还勃勃有生气的青年。

只是可惜风习的薰染太利害了，魔魂的诱探太有力量了。志行薄弱的父兄，脑筋昏乱的师友，一天对他要说许多似是而非的话，亦要劝他做出许多败坏操守的行为。所以许多青年每每仍是不能保持他自己的纯洁，而为万恶社会所同化。

亦有一些青年，幸而能不为那种父兄师友所愚惑，但是他们又因自己品性才学的有些缺欠，而在社会上得不着指导他们纠正他们的人，所以他们常常苦于不知应当怎样做事，以及他们做的事不知应当怎样改良。

我们必须为青年的这种需要，供给他们一种忠实的友谊的刊物。这便是我们刊行《中国青年》的意思。

《中国青年》要引导一般青年到活动的路上，要介绍一些活动的方法，亦要陈述一些由活动所得的教训。中国的事，总是要做的。做事的方法，总是要学的。青年要学得做事，要用做事以学做事。青年是需要读书的，要读指导怎样做事的那些书。但是同时要做事。只顾读书而不做事的人，纵然把指导做

① 1923年8月，恽代英到南京出席中国社会主义青年团第二次全国代表大会，当选为团中央候补中央委员。因施存统当时因病辞去委员职务，恽代英递补为正式委员，担任宣传部长。“二大”闭幕不久，团中央在上海创办了《中国青年》，恽代英为该刊创始人和主编，并为创刊号写了《发刊词》。

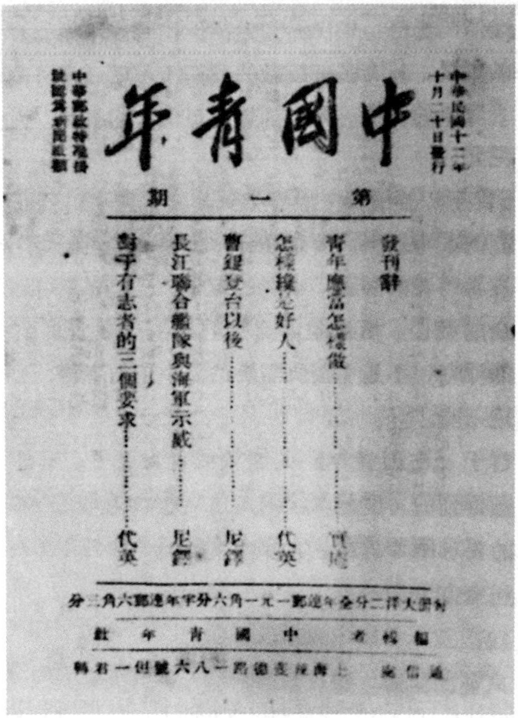

中華民國十二年十月二十日發行

中國青年

中華郵政特准掛號認為新聞紙類

第一期

發刊辭

青年應當怎樣做……實庵

怎樣纔是好人……代英

曹錕登台以後……尼澤

長江聯合艦隊與海軍示威……尼澤

對于有志者的三個要求……代英

每冊大洋二分全年連郵一元一角六分半年連郵六角二分

編輯者 中國青年社

事的知识学到手中了，他会失了他做事的习惯。

《中国青年》要引导一般青年到强健的路上。要介绍一些强健伟人的事绩与言论，亦要用种种可以警惕青年的材料，以洗刷青年苟且偷惰的恶弊。中国希望她的国民都能尽他的责任。中国需要强健的国民，只有强健能救拔我们于习俗之中。只有强健能使我们避去魔鬼的诱探。只有强健能打倒一切魔鬼，为中国前途开一个新纪元。

《中国青年》要引导一般青年到切实的路上。要介绍一些切实可供研究的参考材料。要帮助青年去得一些切近合用，然而在学校中不容易得着的知识。中国的青年，已经显然可见其必须担负指导群众的责任。所以他们必须自己对于要走的路很有些把握。虚骄的浮夸，不是中国所需要的。中国的青年，必须要百尺竿头，更进一步才好。

这个对于《中国青年》的期望或者太大了，不是本社同人力量所能做得到的。但是本社同人总当勉力的向这一方面做，而且亦诚意的要求阅者诸君，大家要给我们一些仁爱的帮助以补我们的不周到地方。

（原载《中国青年》1923年第1期）

预备暑假的乡村运动——“到民间去”

（1924年5月24日）

（一）为救济闭塞穷苦的农村的父老子弟；为要谋与占中国人口最大部分的农民相接近，联络其感情，辅进其知识，使他们在必要的时候，能与我们一致的进行破坏与建设的事业，以完成国民革命的工作；我们应当利用休假日期，作普遍全国的大规模的乡村运动。我们都知道俄国的“到民间去”运动，是俄国大革命的导线；我们亦都知道中国的革命，若不是能得着大多数农民的赞助，不容易有力量而进于成功。知识阶级是惯于看风色行事的，资产家尤其非在革命确有成功希望的时候不肯轻易加以赞助。真热心于革命运动的青年——真不满意于受这种列强横暴的压迫的青年——必须毫无疑惑的投身到民众中间去，为他们作工，使他们信爱我们，渐渐认识我们是他们忠实的伙伴，我们提倡的革命是为的他们的利益，然后我们容易得着他们热诚的拥护，而革命的势力亦才可以加大起来。

（二）不久要来的暑假，使全国各处的青年学生，都可以有四十日，五十日，乃至于九十日，一百日的闲暇，这些青年们，至少有几十万人要分散了回到许多不知名的县分乃至乡村里面去，所以便是至少有几十万青年学生，要在这个时间，与几百万的农民相接触，这真是一个可注目的事情。我们没有人不知道人应当为社会服务，人应当帮助他周围的人；那便在这样长期的暑假当中，既不要耽误我们的功课，又因为我们本有回到乡村中的便利，我们一定要趁今天决定我们要做的工作。我知道每次假期的中间，各处都有许多青年，都想回到乡村中间做一番事情；不过因为他们不免有些错误的观念，因此常感于无从下手，再不然，亦做不出什么成效。所以我今天愿意特别提出这个乡村运动，而且要请大家趁在还未放假的时期以前，加一番预备功夫。

（三）我第一希望的，便是各地方已经决定在这个暑假要回去做乡村运动的青年，可以组织一个乡村运动研究会。这个研究会是专为研究乡村运动的目的与方法，并大家谋一种互相补助，互相督促的法子的。这个研究会可以把研究的材料以及将来实际运动时的报告，醵款印布于一种刊物中；若能在已有的刊物中、请他专辟一栏、登载此种稿件，更可以节省金钱时力，自然是更好的事了。这个会可以每星期开会一次或二次，议定实行办法；放假以后，便大家根据这些议案去实行。一切议案务须使他十分切实可以一点一滴的办到，所以大家要以本乡的实际的状况为讨论的根据。在大家回到乡村去的时候，城市中应当有负责通信的人，各地方运动的实况，应当常有报告，这些报告，应当即刻发印于刊物中，分布各地同志，使他们可以互相观摩鼓舞。到下学期开学的时候，各地同志回到城市中，更可以大家拿出实际的经验以相互讨论，这将使农村运动变成更有趣味的事情。所以当真是大家能这样做呢，我相信下学期农村运动研究会加入的人数必越多，会务必越有精神，以后的假期，回到乡村中间去作此项运动的人必然更加增了。

（四）这个研究会的发起，必须认定简简单单的只用做预备乡村运动，所以无论什么人只要他愿意去做乡村运动，都可以让他加入的。我们可以是为了国民革命而进行乡村运动；然而只要能切实作乡村运动的人，他纵然还不赞成革命，我们亦很应当诚意的与他在这一方面合作。这个研究会内部的组织要简单，最好由会员举三个人组织委员会，会务由委员会中举定一个负责的人主持，其非此一人所能办，而另须找人负责的，由委员会议定指派任何会员。不能自己到乡村里去的人，若愿意赞助乡村运动，亦可以加入这个会；他们可以出捐款，可以帮着搜集或供献一些关于乡村运动的材料，亦可以在假期当中做一个收集报告，编印散发刊物的负责任人。此外虽不愿加入这个研究会的人，如于乡村运动有些特别见解，不妨由研究会邀请他们谈话或公开的讲演；一则他的话可以供大家的参考，二则亦可以藉这些活动以引起会外的注意。自然我们对于这些人的话只能作为一种参考，他们错误的地方，至少要引起会员的辩论，我们最重要的是要每个认为正确的意见都须要切实可行。

（五）关于实行乡村运动，我愿意提出几个重大的意思，以供这些研究会开会时讨论的资料，自然我亦很愿意听见大家讨论的结果。我第一个意见，是大家回到乡村的时候，如稍有困难，最好不要从破除迷信，改良风俗等运动下手。这是很多人试验过而都失败了的。人的信仰与风俗，都只是经济背景的反映；不改变社会的经济状况，不要希望你能够改变人的信仰与风俗。其实这种信仰与风俗又并不是真能怎样妨害人类前进的。富强的国家，仍是不少可笑的迷信与风俗，日本是每条街都有神社的，英国的民间仍是有许多鬼神的迷信。至于一切无谓的忌讳，更是东西一致的。西洋女子的系腰缚胸，亦与我们的缠足无异。然而虽则如此，他们政治经济方面亦不曾受什么重大的影响。我们看到这个地方，便可以知道我们一向把破除迷信改良风俗太看重要了，至于因打菩萨，废礼仪，而引起乡村中的恶感，使一切工作都无从进行，这是大错误，是以后必须加以改正的。

（六）我以为最好的农村运动，仍是平民教育。讲演与演剧，亦多少可以有功效的；但是讲演与演剧，只能使农民普汛［遍］的在一时得着感动，平民教育却可以在比较长的时期与他们相接触。我所谓平民教育，不仅仅是一种识字运动；我以为教他们识字亦好的，教我［他］们看较高程度的书亦好的，教他们写信亦好的，教他们习珠算亦好的；总之他们要什么，我们便可以教什么。这样，他们才觉得平民教育是他们有益的事，他们才愿意常接近我们。

（七）还有一件事可以做的，便是教他们打拳习武，亦可间杂些游戏唱歌。这些事特别是青年农民所高兴的。我们借这亦可以每天与他们相接近，而且使他们感觉得有兴趣。

（八）自然说到教珠算，教拳术，有些青年是会要感觉困难的。然而这不要胆怯。我们可以趁还未放假的时间，买了书来自己练习，或者在教员或同学中找人来教授。再则便是教平民千字课或教他们看书作文，关于教授法，亦是须先加一番研究的。这些本事，学了于自己有益，为农村运动又是非学不可的。同学中间都可以找着教授的人。我们从前便曾经找过一个同学，在我们自己的小团体中，教我们的“八段锦”。只要我们诚恳而谦恭的请求人家，一定人家愿意帮助。

（九）那般农民既经到了我们面前，我们最注意是要在教授以前或以后，多与他们接近。我们所教的只要能得他们的欢心，不可把那看作过于重要。我们最重要的是与他们谈话。在谈话时间，我们不要自己说得太多了，不要用很多他们不懂的名词，不要说“革命”，“流血”等骇人的话把他们吓得不敢亲近了。我们最好是少说，多问询他们，让他们多说。我们要从他们所说的当中，学习他们的生活状况，研究他们说话时所用的话头与格调，亦研究他们的思想，与他们所觉得的问题。我们要学得用他们的话头与格调对他们说话；从他们的思想与问题，以引他们渐渐的与我们表同情。“我们要教育农民，先让农民来教育我们”。所以在这一次暑假的乡村运动，只希望我们能从农民受他们的教育，学他们的言语与思想；走了这一步，才说得上怎样引导农民做什么事。

（十）自然你要与农民说话，都是不易的。他们看你是一个先生；他们怕说错了话，得罪了你，所以他们不敢任情放谈。有人说，因此所以我们一般青年要使自己混在农民里面，这自然是不错的。但这不是一件易事。青年们的生活与农民悬隔得很，想假装得与他们一样，不是容易的，而且在我看来这亦不是必要的事。青年们最要是谦恭和气；不要因为农民说了一句可笑的话，便笑他们；亦不要因为他们做了一件可恼的事，便对他们发气。你要把他们看做自己的兄弟一样，很坦白的，很自然的，对他们谈话。他们一个人怕与你谈话的时候，让他们把你围绕起来，七嘴八舌的随便谈话。你问的话，定要他容易答复的；你从他家里的人口，父兄的年岁，每年的收入与支出等等；或者他自己做工的时间，工作的种类，生产的成绩等等问题说起来。你亦可以有时发表一点议论，但总要他们听得懂，而且愿意听；不然，你宁可以不讲。果然你能这样做呢，你纵然不能假装作农民，农民亦会认你为一个忠实友爱的朋友。

（十一）我们在乡村的运动，在我看来，一般有机会比较多受一点教育的农民，应当值得我们特别注意，小学教师中有思想比较进步的人，自然更应留心。我们应当藉我们这一次的乡村运动，立一个乡村运动永久的根基。我们可以在乡村中亦设立乡村运动研究会，继续的进行一切公益的事情。这些公益的事情，亦可以还是识字，读书，习珠算，学拳术；但如可以有款项，不妨更进一步，建设阅报社，或者买报纸张贴于乡间；亦可以建设长久的讲演所，或运动场；再则，藉中国人注意消极道德的心理，设立乡村进德会，使进会的人不嫖不赌，而无形的团结了他们的精神，可以使他们长久的在我们的训练与教育之下。

（十二）我们应知道我们这几年只能干喊革命，而终久不能有革命的实力，都由于不曾得民众同情的原故。我们必须藉各种机会“到民间去”，研究他们的言语与思想，把他们组织于我们的训练与教育之下，耐耐烦烦的做几年功夫，他们自然有一天完全会懂得我们的思想，他们自然有一天为他们自身的利益，成为国民革命的基本势力。所以我十分重看这一次暑假的农村运动，我愿意引起读者诸君热烈的讨论，使这件事或为全国有志青年一致担负的工作，而且使此工作能做得很切实而有成效。

（原载《中国青年》1924第32期）

谭寿林

谭寿林（1896-1931），又名谭勉予，广西贵县人，中共党员。1921年考入北京大学，参加北京大学马克思学说研究会。1922年加入中国社会主义青年团。1924年加入中国共产党。1925年12月担任中共梧州地委书记兼梧州《民国日报》社社长。1928年任中华全国海员总工会秘书长。1931年任中华全国总工会秘书长。1931年4月在上海恢复工会组织时被捕，解来南京，5月牺牲。

说　名

呜呼，吾窃慨今人之鹜名也。试观其所为，一若名闻于人为荣，不闻于人为辱，此所谓务外而少诚实者，吾知其有名无实者也。岂知欲名闻于人，而亦未必闻也。即闻矣，亦纯盗虚名耳，究于身心奚补乎。奈之何鹜名者之多也。然则名不足贵欤？曰否。名之贵，不在于求，而在于自然耳。惟修德行善者，不求名而名自至，忘己徇人者，总求名而名愈寂。是故古之圣如孔子，贤如孟子，与数千年后其名犹赫赫者，岂其当时有求名之心乎。亦不外修德行善，卒之德高善极，人乃企望之，仰慕之，而其名乃播于天下，传于后世，要其初则无求名之心也。顾或者曰，名誉者，人之第二生命，岂可漠外视之乎。虽然名誉固为宝贵，而有名无实尤为可耻。吾学问也高，道德也深，名誉闻于人，固属可喜；苟吾学问道德，均无可取，而亦闻誉于人，问心岂无愧乎？孔子曰，不患无位，患所以立；不患莫己知，求为可知也。此言人之不患无名，而患无实也。若修乃德，行乃善，实既至矣，名必归之，又何必患其无名乎。世之徒以骛名为事者，其亦可以恍然矣。

（选自《谭寿林作文》）

勤俭可以兴家论

凡人之有勤俭性者，其家可以不匮。岂特不匮，其兴焉浡也，何也？盖勤则生计繁盛，俭则财产盈余，苟能勤俭，而其家之不兴者，未之有也。试观家之所以不兴者，非皆其人之不勤俭乎？家之所以兴者，亦非皆其人之勤俭乎？审乎此，吾人所宜勤俭，而不宜怠惰奢靡也明矣。奈何世之不知此义者犹多耶。游手好闲，营生不务，坐耗粒粟，浪掷金钱，而日后之能长享与否？直不暇计。若此者，其为沟中瘠也必矣。乌望其能兴家乎！盖既不勤，则终日嬉游，财安所入？不俭，则金钱非惜，虚耗匪常。入似锱铢，出如泥沙，几何其家之不败哉？故世有辛勤俭啬兴家而致家资巨万，金玉衾衾者。及一旦宛其死矣，而一坏之土未干，百万之财已罄。谓能祖宗积之数十年而不足，而此子孙败之一二日而有余乎。而人尚不可以勤俭？虽然勤俭固兴家之要素，而俭则似重于勤多矣。何则？使不勤则生财无道，总欲俭等而奚俭乎？惟勤之于始而后俭之于终。

俭而勤等，勤而俭等，总终其身而不敢一刻媮闲，一时浪费。兴家之道，岂外是乎？且家为国本，本固则国安，家兴而国必兴，家败而国必败，此定理也。断未有家败而国能兴者，亦未有家兴而国能败者。吾国今日之衰败皆缘家之不兴。故也，家之不兴，民之救死而恐不赡，奚暇顾国之衰败哉，今之爱国志士，欲谋其所以保国兴邦者，朝曰修军旅，暮曰修军旅，而抑知皆后也。未也，吾以为欲与吾国者，必自兴吾家始，欲兴吾家，又必自人人皆勤俭始。

（选自《谭寿林作文》）

汉匡衡夜读无烛论

鸣呼，如匡衡者，可谓好学也已矣！至第家贫火不能举，夜读无烛，乃凿壁以偷光焉。推其心，似有不甘泯泯以没世者，故汲汲焉，皇皇焉，一以学为事，虽境之窘焉无虑也，学之苦焉无虑也。何也？其境虽窘，其志不窘也，其学虽苦，其心不苦也。故而其后卒成大儒。鸣呼，匡衡偷光，尚可求学，况其境遇之隆，有远过于匡衡者耶，何后世匡衡之不多见也，噫！

（选自《谭寿林作文》）

论鸦片之害

吾国民之受害最深，受祸最酷者，非他，鸦片是也。夫鸦片一物，实罂粟花之津液也，明季取为药引。自与各国通商以后，英人由印度输入鸦片，吾国粤人，首开吸烟之恶习，由是流毒海内，几无人不以吸烟为高尚，饭后登床开灯横卧，自以为天上神仙之不如，岂尚顾其生命也哉。迨吸之既久，瘾重莫释，则损金钱也，弱身体也，耗精力也，无一而非有害者也。且吸者愈众，外来之鸦片愈多，无论其盘剥我金钱也，即致吾国民于灭种亡身者，亦此一物也，非受害最深，受祸最酷而何哉！呜呼，英人以鸦片进口，已足致我之死命，何其毒也！林公则徐，深知鸦片之害人不少，故而首倡严禁者也。乃取英商鸦片二万余箱，烧之，英人不服，遂遣兵舰犯江浙，其结果至偿款割地。由此源源而来，竟无一人敢言禁者，以致吾国民受害不已，吁可慨也！迨其后英人悔祸，与吾旧政府订十年禁尽之约。嗜鸦片者，宜乘此机会，铲除毒害可也。迺今者期已满十载矣，吸者仍如故，而奸商蠹吏，且藉禁烟之命令，以博厚利，于是营私盗贩者有之，私种罂粟者有之，噫！此辈贪一己之利，贻害于同胞，长此不已，吾恐十年又十年，其害犹未绝也，然则如之何而可哉。曰：执其盗贩鸦片，私种罂粟者，一一而放流之，而诛殛之，亦文明国之所有事，而亦除毒害之良剂也。传曰：毋使滋蔓蔓难图也，蔓草犹不可除，况若辈乎。夫鸦片之害，人尽知之矣！惟望我同胞，一以保种保身为要，未吸者，幸勿染之；已吸者，宜亟戒之。不然，恐种族且随鸦片以俱灭也。吾念鸦片而不禁，悄悄然忧而悁悁然悲也。

（选自《谭寿林作文》）

陈原道

陈原道（1902—1933），又名伯康，安徽巢县人，中共党员。1925年加入中国共产党并被派赴莫斯科中山大学学习。1929年2月回国，任中共中央宣传部秘书。1930年2月任中共河南省委常委、秘书长兼组织部长。1931年2月任中共河北临时省委组织部长。1932年11月任中共江苏省委常委兼上海革命工会党团书记。1933年1月在上海组织失业工人请愿示威时被捕，解来南京，4月牺牲。

何必读书然后为学论

古之大臣名相，功施社稷，泽及黎民，法当时而称后世者，莫不由博学而后得也。岂不读书乎？何能侥幸哉。盖书者百事兼备，万法俱全。然修身齐家，祭神治民，更为吾人之大经大法，莫不祥载，而无遗矣。况事物之理无穷，人民之情不一。而人又非生而知之，孰能尽明于心，不待学而后知哉。以孔子之圣，曰学而不厌，子夏之贤，亦曰学而优而则仕。圣贤如此，遑问他人，欲不学而致君泽民者，不亦谬乎！昔者子路使子羔为费宰。孔子曰：贼夫人之子。子路对曰：何必读书然后为学？噫，是不知事情政道而妄对也。夫为宰者，一邑之长也，苟不悉治民之道，事神之礼，而遽使为宰，是一邑之人民为之贼，非独贼已也矣。如是，焉能宰人民乎？况子羔孔子徒也，孔子知之既深。苟可为政，孔子亦何言贼。盖未学故耳。故苟如子路之言，不学而仕，三代亦何必设庠序以教士儒乎也。即今东西国亦奚故竟立学校乎？然三代之时设之不废。东西各国争立不缓。国家愈隆盛，人民愈安乐，岂无故哉。子路之言诚大谬矣。呜呼，今之为政者，可不于读书加之意也。

（选自《陈原道作文》）

宋人助长论

天下万事之进步，有始有终，有因有果。如植物之生，春萌芽而夏畅达，秋结实而冬咸脱。是欧阳公曰，春生而秋实，过盛则当杀也。旨哉言亦明矣。推之事理物理，莫不皆然。故养气有事者，祇可劳心振精，勤勤孜孜，充其义气。达于极点，再加培养。发其英华，竢其茂实。然后肆天地而无碍，合日月以长明，时变即变，无可无不可，绰然恢廓而长养于苍穹也。若孔子处春秋，迹遍列国。孟子在战国，时际七雄可知矣。诸侯放逐而无害，处士横议而无妨。如白璧和污泥，鸾凤栖枳棘而铮铮皎皎，尔我自然不克为之薰蒸，坠于时俗，岂非涵养宏深，握守牢固而得之者乎？观论语十有五而志于学，孟子吾善养吾浩然之气二章，更详晰矣。尝读孟子至宋人助苗长节，不禁太息曰，何愚昧欲速，以矫揉者之妄也。苗长于初夏，实于秋间，天然之性质，自然之真理存焉。今闵不长而助之，岂不伤自然之性，害生物之理哉？一指顾间而欲生气，勃勃翠绿可观，戛戛其难，是欲茂而反萎，欲长而反枯矣。宜乎孟子言之，无若宋人，然予为宋人计，莫若培养以时，灌溉以道，耘去稊稗，涵濡生性。庶乎不期其长而自长矣。非特此也，圣贤豪杰养气以成事者，苟不持集义之心而存预期之念。时而发愤，时而自夸，袭义之名而侥幸以猎事功，未充其气而激烈以为得意。鲜有不蹈外强中干，粉饰太平之弊者。是宋人助苗之徒矣。思欲窥圣贤之道德，成英俊之勋名，讵不犹宫墙外望，坐井观天者哉？必也。始立集义之心而不敢自馁，更加培养之力而一息不怠。未以至大至刚，塞乎两间。外物不能动其心，时俗弗克夺其志。夫然后不求长而自长，不助长而无不长矣。岂不美哉，岂不休哉。吾辈青年求学，正欲他日之有事也，当预戒助长也可。

（选自《陈原道作文》）

游历说

□者太史公周游中国以览名山大川、圣贤古迹，故其文汪洋疏荡，才气过人。柳子厚性喜山水，亦常跋涉，故其文雄直奇秀，竟与人殊。自古迄今，诵读不已。不特此也，大凡学问广博，道德深宏，称于当时，传于后世者，讵不得力于游历者哉。故吾人求学，朝乾夕惕，不敢惰忽，岂非甚善。而有时游历，效法古人，亦不可少也。然游历者，登山临水可以激发志气，焕起性情；见草木花卉，可以增文章佳句；遇城市村落，可以知风俗人情。是无益而有益，劳苦而快乐。岂不休哉。而或者曰，游历之事，空废日月，徒荒学问，且耗散金钱，疲倦精神，则求学之心为之扰矣。不若闭门静坐，广诵古书，探其底蕴为妙也。噫！愚人之论，奚足为法。似此诸子百家，著书籍，咸空谈耳。游历诚可废也，又何必多此一举哉。然则闭户读书，此乃井底蛙之流耳。蛙不知井外之改革，空气之新鲜。亦如学者，不知世界之变迁，学说之良美矣。故余大声急呼曰，蛙何不跳出井圈而匍匐，学者何不离开乡里而游历也。不知井外之空气，世界之学说，近来改革变迁，为千百年前，所未有也。蛙既无知，不肯跳出井外。而吾人，虽学术浅薄，亦当趁此时而游历世界耳。岂可缓哉，岂可缓哉！

（选自《陈原道作文》）

张炽

张炽（1898–1933），字子昌，云南路南（石林）人，中共党员。1924年考入北京民国大学，同年（一说1925年）加入中国共产党，任中共民国大学支部书记、北京地委西区委员。1926年5月作为中共北方区委特派员前往大连巡视，担任中共大连地委宣传部长。1927年3月任中共云南特别委员会委员，8月参加南昌起义。1929年调中共中央机关做巡视工作。1930年7月在上海组织发动法商水电工人罢工斗争时被捕，解来南京，1933年4月牺牲。

专门以上各校将招考新生所得的报名费移助罢工同胞的提议

（1925年7月18日、19日）

自五卅沪上惨杀事件发生以来，各地为争人与国的人格而罢工之同胞，已经有好几十万了，此后外交之能得胜利与否，罢工之能持久与否，固其一大原因；而罢工之能持久与否，则经济援助之能持久与否，尤为其最大之唯一原因。

近来各团体或个人热心奔走募捐以救济罢工同胞者，颇不乏人，就是解囊□捐者，目所见，耳所闻，也是实繁有徒呢。

似此，宜乎捐得之款之必十分充足也，乃最近沪上工商学联会，催各地速募捐汇沪接济之电，日有所见，则罢工阵地之将有动摇，可想而知。使果因此而前功尽弃，则数十万工人同胞之生命，固甚可虑，即外交之前途，亦大可忧也。甚望国人快想筹饷办法，多筹兵费，□济与英日帝国主义在阵前搏战的数十万战士。

我现在有一个提议：是希望先知先觉的校长先生们，将本学期各校（公私立专门以上各学校，如果中小学校，也肯照办，那更好了）招考新生所收得的报名费，除招考时的一切费用外，全数汇沪，救济罢工的同胞。

我以为各校之常年经费，当然另有专款（创办学校时，恐未必有那一校将每年招考新的报名费，算为一部分常年经费，如果靠报名费为常年经费，那末，他的基础，也未免太不稳固了），将此款移为他用，对于学校本身，不致有多大影响。如各校能照此办法，则每校每年报考新生，多者一二千，少者亦有三五百，以京津数十校计之，得款当在五万以上，以全国百数十校计之，得款当在十万以上，亦一笔巨款也。我甚望当此罢工战士需饷孔亟之时，各校意外进款之日？热心爱国的校长先生们，能采纳我的意见，则不惟罢工同胞之幸，将来外交胜利，亦与有关呢。

（原载《京报》1925年7月18日、19日）

国内外大事纪

（1926年3月4日）

关税会议，自受政局影响，无形停顿以后，虽中外代表非正式的接洽，从未间断，但所讨论与争执者，仍先为税率、用途等项。法国帝国主义且借口中国须速息内争，法国始可相机赞助。帝国主义者对关会的无诚心，法国帝国主义者的此种论调，实可以代表其他一般帝国主义者的心理云。

法权会，日来各国委员［参］观监狱、法庭，审查商法典，并研究商法、商标法、公司法等问题。此会因各国委员不有全权处理法权问题，其结果仍不过一普通的学术研究会，将所得的一些似是而非的理论，做出一个报告罢了。同胞们要收回法权，赶快自己努力，千万不要靠这非国民的之政府罢！

政局，仍然是沉闷不堪，段祺瑞现仍恋栈不去。各国帝国主义者已积极的利用他的走狗，反动军阀张（作霖）吴（佩孚）段（祺瑞）向民众与同民众接近的武力进攻。张的入关，吴的攻豫与其互相勾结，在大连关会等，即是证明反动势力的集中与扩大战线来向民众与同民众接近的武力进攻，另一方面是证明各国帝国主义的联合战线，向中国民众进攻。民众方面，也是已经渐渐集中他的势力，扩大他的组织，以与帝国主义者和他的走狗反动军阀反抗，看各地民众组织——学生会，工会农会，国民党——及其他一切反帝国主义，反军阀的团体——的统一与发展，以及广东国民政府的统一广东，倒戈反奉的积极有人——方振武——即其明证。所以现在在国民革命的过程中，时机非常重要，现在是决定中国政治局面与决定革命形式的时期，民众当如何认识并如何努力！张作霖，自日前宣告独立后，自上一尊号“东三省自治保安总司兼军务总统官”。此后大权在手，张当然更便于与日本帝国主义勾结，更便于卖国了。奉军入关的，已由秦皇岛退至榆关一带，取守势，国军对奉军也是取守势。热河方面，国奉两军也是如此。虽有奉军将三路攻热之说，但奉军军力尚未恢复，实际上恐不易实现。国军一军刻组织别动队，助三军攻鄂。吴佩孚军（鄂军）入豫初胜继败，现已退守武胜关。萧（耀南）因地盘关系，不助吴，湘赵也不助吴。吴之入京希望，盖已成为梦想了。山东方面，豫军一部分已回豫，李（景林）与张（宗昌）已闹意见，将回奉，日来无战事。晋阎与吴佩孚已有约同攻国军，但实际阎的实力，恐亦只能自保罢了，故他声称出兵系防樊（钟秀）非攻国军。孙传芳对于吴之攻豫，守中立，不助吴。因他已有五省地盘，内部尚未能一致，自保已难，尚何能有力助吴。法统，摄阁等等，一般政客、官僚，虽仍在天津、上海等地破口大喊，但结果恐亦喊仍大喊罢了。国军魏益三部，现调至保定一带驻防。国民五军方振武部现移防濮阳、大名一带，将二三军会合攻鲁。

粤局，刻已统一，琼州早已被党军攻下，广东军财政已统一，正从整顿广西，预备北伐。不久国民革命军即可与人民的仇敌，各国帝国主义的走狗军阀，短兵相接了。

民众运动，仍然日渐发展，反日讨张，反吴进兵攻豫，否认沪案重查报告，主张组织国民政府等的运动与国民大会，几于无日无之。民众革命团体组织的发展，亦大有一日千里的势了。

卅一日（一月）北京民众团体所组织之国民反日讨张（作霖）大会，于下午一时，在天安门举行第三次反日讨张国民大会，计到有中国国民党北京执行部，北京市党部，东三省留日归国学生讨张排日代表团，各省留日归国学生讨张排日代表团，北京学生总会，北京总工会北京革命学生敢死队等三十余团体，不下五千余人。由东三省留日归国学生代表陈日新主席，通过提案十件：1.通电全国民众一致作讨张反日运动；2.反对吴佩孚联张攻豫；并电全国军人一致讨张反日；3.通电慰问鼓励反日讨张诸将士；4.组织反日讨张前敌宣传队；5.要求广州国民政府出师北伐，实行讨张反日；6.致电东三省全体将士一致驱张；7.告日本民众反抗日本政府并告世界彼压迫民众，一致反抗日本帝国主义；8.通电全国一致励行对日经济绝交；9.否认日本一切密约；10.通电全国各地组织讨张反日机关，执行一切讨张反日任务。开会后游行示威，沿途大呼打倒日本帝〈国〉主义；打倒张作霖等口号，至五时余始行散队。

反法、西帝国主义最激烈的摩洛哥革命军，刻已有兵士十万，来福枪十万枝。其枪械军火，多系由法西兵站获得。其粮草，用骡子千余头搬运，颇足应用。此后该军反帝国主义的工作成绩，当更与日俱进云。

一月二十八日，逼我国承认二十一条之日首相加藤逝世。日本帝国主义的功狗虽死，但其对华之政策，则可决其必不丝毫变更云。

加藤死亡，若槻内相已受命组阁，若氏对日本旧日的主义政策，不加改变。

世界裁兵大会，因各国帝国主义意见不一致，且无诚心，延期开会。现英首相鲍尔温氏欲拉俄国加入。鲍氏谓若不得欧东大国之协助，恐难发生效果云。

（原载《云南周刊》1926年第38期）

罗登贤

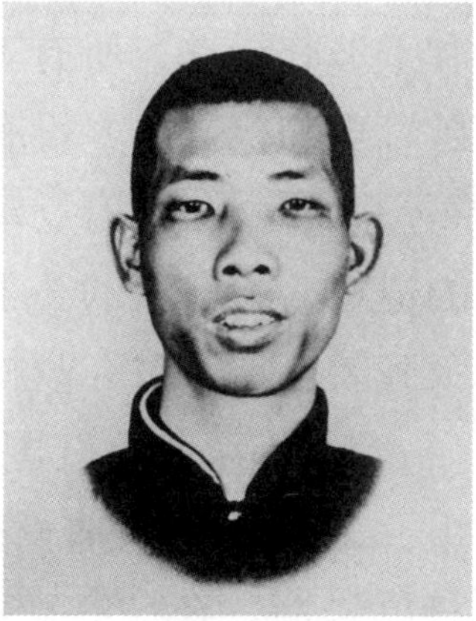

罗登贤（1905-1933），原名罗举，化名达平等，广东南海人，中共党员。1925年加入中国共产党，参与组织领导省港大罢工。1928年5月任第五届中央临时政治局委员、常委，6月在党的六大上当选为中央委员、中央政治局候补委员，后递补为中央政治局委员。1929年1月任中共江苏省委书记，8月任中共中央组织部副部长。1930年任中共广东省委书记、中华全国总工会党团主任、中共中央南方局书记。1931年2月任中共中央驻满洲省委代表，12月任中共满洲省委书记兼组织部长。1932年12月任中华全国总工会上海执行局党团书记。1933年3月在上海出席全国海员工人会议时被捕，4月解来南京，8月牺牲。

最近城市工人运动之开展

（1928年8月10日）

资产阶级性的民权革命要在无产阶级领导下才能完成，一县或一省政权的夺取也要在城市工人阶级的领导下才能巩固和扩大其胜利。因此工人阶级在土地革命的过程中负了重大的使命。去年广州暴动就是一个明显的例证。工人阶级对于政权的认识和要求自己政权的建立，在省港罢工以后，便已开始萌芽到形成组织时期，如省港罢工委员会，广州工人代表大会，上海总工会，湖北总工会，湖南总工会……有武装纠察队的组织，工人罢工，派出武装封锁海口，商店，自己裁判工贼走狗及反革命派等已成为工人的第二个政府机关，对政府有不对的时候也起来监督和干涉其行动，所有工人发生一切大的小的事情，完全由工会自己管理和执行，并没有经过那时的所谓国民政府。自从上海蒋介石叛变和武汉政府反动以后，工人阶级对于政权的要求一天一天的迫切，为政权的斗争更加热烈与决心。广州暴动是中国工人阶级武装暴动，取夺政权机关的成功。

工人运动经过国民党反动以后，赤色工会均被封闭和改组，工人及其领袖一批一批被逮捕和屠杀，施□历史所未有的白色恐怖。在“共产时代”所得来的一切条件，都被反动政府取消无效，被资本家完全推翻。更加上新旧军阀不断的混战，交通运输到处梗塞，财政陷于混乱，金融日益恐慌，苛捐杂税的强迫摊派，物价高涨数倍，生产品消流停滞，原料断绝来源，而至工厂歇业，倒闭开除工人成为资本家家常便饭，失业工人无法统计，减薪加时普遍皆是：广东、湖北、湖南、在数月前工资发不兑现的纸票，北方铁路九个月不发薪，工人有病不准请假，南昌、九江、工人每月被强收三角钱的所谓北伐捐，各地反动政府下的工厂派军队警察守查监视工人作工，不准两人同在一块谈话，上海的纱厂工人尤其是青年工人，被资本家时常毒打禁止工人说话，敬记轮船公司海员改组委员会武装迫海员工人入会强收五元入会金，每月二元月费，否则勾结办买开除，收买土匪流氓威胁恐吓。包工头与包工制更加重工人剥削，入工厂轮船作工非先孝敬工头一批礼钱，不使找得相当工作，特别是海员的“涉孖沙”昌兴公司完全由工头梁言和包请工人。反动的国民党工会武装强迫收会费，或要资本家强在每月工资扣出，更厉害的如河南湖北纱厂工人做工要商店担保。言论结社集会罢工自由全被剥夺，北京天津阎锡山布告不准工人集会结社，查出以反革命论，工人有所反抗，表示不满意便指为共产党，要枪毙入狱……诸如此类在这一年工人阶级所饱受这种的滋味，已到最极点不过了。工人生活完全陷于绝境，流离失业，天天也有开除的声浪！在这些情况之下，出路是什么？忍受下去吗？现在已经声嘶力歇，血汗被榨取几干了！只有一致的团结起来反抗，斗争才有出路。国民党的白色恐怖与资本家的压迫的联合进攻，绝不能镇压消灭工人阶级经济政治斗争的决心和勇气，反而只有促成日益激烈的阶级斗争，暴露了国民党和资产阶级屠杀压迫工人的本来面目很凶狠阴险，残酷威胁，欺骗蒙蔽的手段。

从五三济案发生以后，反日运动的高潮，推动了工人斗争不少的勇气。

在这三个月来，各地工人的斗争，怒潮一般地起来：先拿上海来说：

1.油漆工人二千六百余人要求加薪的罢工。

2.米业工人要求改良待遇及因工友扛货被压死的抚恤参加罢工有九百余人。

3.祥生铁厂沙模，木匠，工人的加薪运动全厂二千余工人罢工援助。

4.估衣业因资本家减薪使一个工人自杀，起而援助及要求履行条件和改良待遇与抚恤死者家属的斗争参加的工人一千八百余人

5.棉布工人反对厂主关门政策的罢工二千六百余人参加。

6.首饰工人一千余人要求加薪的罢工。

7.援助姜案的丝厂参加运动罢工有六万余人。

8.老怡和纱厂六百余女工要求改良待遇的罢工两次。

9.内外棉第九厂反对增加工作时间和开除十六名工友及加工资的四次罢工，每次参加有三千余人。

10.做马甲铁厂二百余童工要求改良待遇的罢工。

11.绸缎业工人的加薪运动。

12.东亚麻布厂工人，要求增加工资，全厂五百余工人罢工。

13.麻袋工人千余人的加薪斗争。

14.庄口工人要求改良待遇罢工。

上海这三个月来工人的反抗开除工人要求履行条件改良待遇，增加工资的大小斗争，有三十余次之多，参加斗争的群众，达十五万以上，斗争多数都得着相当胜利，在斗争中工人阶级受了极大的教训得着宝贵的经验，敌人的欺骗更看得清清楚楚：

1.警备司令部市党部工整会资本家勾结各界巡捕房封闭工会。

2.反动政府机关，下令强迫工人先复工，后谈判条件的软化政策，如不能实行再进一步说工人违抗命令通缉代表，如估衣业熟货业等。

3.市党部工整会先与资本家勾结订妥出卖工人条件，后与工人辩交涉的卑劣手段，如内外棉第九厂受了东洋资本家一千元便出卖了工人的斗争，更巧妙的要工人登记每人发八元救济费的鬼话。过去有南洋职工，英美烟公司的罢工也被工整会受资本家二十余万元出卖了……如此种种真是无次无之，工人的斗争被其卖掉者真是不胜枚举。

4.资本家收买流氓土匪，工贼走狗，破坏工人斗争，及闭厂政策。

但工人的英勇表现，对敌人的进攻：

1.每一次斗争无论罢工怠工包围厂主，工头，工人都是一致的。

2.交涉的代表由工人自己选出来的（第九厂不是由工人选出，便被工整会勾结而出卖工人阶级）都非常勇敢，每次的交涉，都是不妥协不让步的，并且对市党部工整会的态度特别强硬，每次到工整会谈判结果，一定大骂工整会是反革命派，压迫工人，替资本家说话，某工会的代表说我们是革命的，谁压迫工人谁便是反革命，枪毙我们也要干的，我是工人选出来的，你敢枪毙我么，你如敢，我就领着千余工友到工整会门口，请你枪毙。使得他们走投无路。

3.群众的行动，请愿包围市党部工整会……是全体动员的，特别在第九厂包围工整会的代表，大骂他是反革命派，声明对国民党工整会不信仰，说他是资本家的代表，不准工整会整理员参加。

4.每次斗争各工会派出代表慰问，与资本家交涉，募捐，罢工援助，都表示工人阶级行动一致的。

上海之外，工人的斗争各地也是继续不断地起来：汕头电灯局，铁路工人要求加薪，广州油业工人反抗开除工人，米粉工人要求履行条件，粤汉路的加薪运动。佛山油业工人罢工。东莞全县棺材工人罢工。湖南株萍铁路全体工人签名提出条件。萍乡三千余矿工要求增加工资。江西景德镇瓷业工人每年旧历五月初三数万工人举行打资本家，加薪运动，到今年已有廿一年的斗争历史，芜湖火柴厂复工运动，黄包车反抗加牌捐费，天津纱厂的罢工，京绥铁路反对裁员。山东淄川矿工罢工，津浦路工人要求发清储蓄金，及复工运动，胶济路工人经济斗争，厦门罐头工人罢工，苏州木器工人要求增加工资全体两次罢工，洪昌丝厂要求改良待遇斗争，镇江茶业工人反对资本家推翻条件，……各地的斗争，有如雨后春笋的暴发，革命情绪底落吗？鬼话！白色恐怖不断的屠杀所能压迫禁止吗？不！只有继续不断的振兴起来。只有如此工人阶级才找着出路。工人阶级不但要加紧本身利益的经济斗争，反日运动也是努力的参加和领导。

上海的工人阶级，“五卅”三周年纪念，万余群众在闸北，租界南京路在上海总工会领导之下热烈地举行示威运动，不迟几天，又举行“五三”济南惨案一周纪念比“五卅”更为热烈，高呼打倒日本及一切帝国主义，撤退在华海陆军，实行经济绝交，自动取消一切不平等条约，打倒投降卖国的国民党，全世界无产阶级团结起来，反对第二次世界大战，……等口号，各工会传单宣言有如云片纷飞。在香港也有同样的举行这种反帝运动的示威，多么英勇而热烈呵！反动的国民党见了发抖，英帝国主义者也无可奈何，表现了全国工人阶级反帝的力量与决心。投降帝国主义的国民党尽量的禁止压迫，如在福建厦门派出武装警察不准学生工人在街上演讲，解散检查日货队，在芜湖将日本的通牒警告做了公安局的堂皇布告。街头巷尾贴得看到眼花，国民党部贴了打倒日帝国主义的标语，公安局要奉行日本圣官派出警察马上撕去，反动党部也要受反动的公安局警告，认为投降还未澈底呢！上海的警备司令部禁止检查日货；在北京、天津、要避免误会禁止发传单宣言贴标语，不敢向帝国主义者说一句梗话，只记得“镇静”“忍耐”“等候外交解决”诸如此类丑态献媚鬼话……不但不胜枚举，甚至罄竹难书，真是说不尽写不完呵！

卑鄙无耻的国民党更进一步的欺骗，召集什么全国反日暴行代表大会，代表大会的内幕，看陈德征的报告说“……忠告各位，我们现在虽然在这个商会会场上开会，可是商会之外或商会之内，有人存心来捣乱我们反日运动，一定很多，我们如果再像昨天下午那样，因一小小问题，而发生争权，这一个危险，我相信比什么都要厉害，因此本主席要忠告各位”代表是什么的代表，是代表群众的吗？不知什么群众选举他出来的，完全是投在民族资产阶级的怀里，奉行银行买办阶级的意志操纵反日运动。现在的反日运动显然的分开两个营垒：一个是民族资产阶级利用反日运动的招牌参加反动国民党的政权。同时举行不澈底的检查日货，用以欺骗小资产阶级，而操纵其欺骗的反日运动。第二是工农阶级的反日运动，进而什［是］反国民党的斗争。只有后者才能负起反日与反一切帝国主义的使命，“五卅”运动是绝大的教训。

民族的资产阶级与豪绅地主的资产阶级，它们冲突和对付工农阶级的方法是不同的。如在上海的买办阶级他对工人阶级的结社，集会，仿效欧洲资产阶级一些改良手段，如反日运动，他不大禁止，但他利用带拉拢小资产阶级政权的运动；但是豪绅地主资产阶级，不请改良不改良只有强蛮的屠杀，也不管反帝不反帝，总之是不许工人结社集会，如广东湖南湖北的地方。但是无论其改良和屠杀，工人阶级是不会被屈服的和欺骗的，国民党在工人群众中已经成为一个已僵的腐尸，就是卸用工会来欺骗也是失了效用的，在上海广东特别表现得明显，国民党的工会，群众已认识他是一个压迫的为代表资产阶级利益的机关，如想发生效用，除非去江西瓷器中烧过油来。

在这种事实告诉我们，敌人的压迫和进攻，只是一天一天的厉害，在北方工人以前幻想以为北伐军比张作霖好些，但是现在怎样？失望了，工人要求加薪也当反革命派论罪了！无论结社集会罢工以及所有一切的自由，都被剥夺净尽。工人也开始打破对国民党的幻想进而冲突而斗争了，法西斯蒂的广东总工会和机器工会，只会武装强缴会费，工人也对该会不满而发生极大的分化。上海工整会的出卖工人阶级也被工人认识了，国民党的禁止民众反日运动，到处都施行了，资本家的开除工人增时减薪，勾结国民党一起的压迫一天一天的更加利害了。总之一切的一切从国民党打下北京以后，所谓“北伐”成功，“统一中国”到“训政时期”工人阶级的痛苦只有不断的增加，北京未打下以前什么都推到打下北京后再解决，现在打下了，试问究竟怎样？

各种痛苦摆在目前，出路是什么？不问政治就可以吗？但是政治要起来问你呢！工人阶级应不分派别的团结起来，扩大秘密工会的组织，改组黄色工会，打倒国民党的白色工会，消灭广东的法西斯蒂式的工会，工会由工人自己管理，不受任何反革命派干涉，继续和扩大反日运动，检查日货，收回租界，经济绝交，及反对一切帝国主义战争。加紧经济斗争才能使资本家不敢任意开除工人。改良待遇，增加工资，争得集会结社言论出版罢工的绝对的自由等，是目前急要的任务。我们的斗争应采用新的战术，不一定限定罢工，怠工，即包围厂主工头，都可以的，同时工人阶级应互相热烈援助，城市工人阶级的斗争加紧才能影响农村的暴动，不要忘记在土地革命过程的使命，与农民一致团结由斗争到暴动，在斗争中要有艺术的组织，与布置农村斗争的配合，武装暴动，建立工农兵的——苏维埃政权。

一九二八年八月一日。

（原载《布尔塞维克》1928年第25期）

反革命统治下之最近职工运动概况

（1928年11月1日）

从五三惨案发生以后反帝运动的复兴，各地工人阶级的经济与政治斗争有如雨后春笋的暴发，这种斗争的趋势与前途，在长期反动政治压迫之下，在资本家剧烈的进攻，工人生活的痛苦到不可形容的情况之下，必然扩大和深入，并且更加尖锐化。同时在斗争中群众政治意识的加强与阶级觉悟益加明显，对于国民党和反动工会，群众也有深刻的认识与不满；最落后的北方群众，对国民党残余的幻想，已成泡影；广东机器工会，也被群众见橐与厌恶；上海七大工会下的工人日益左倾。另一方面如上海被压迫工会联合会，杭州工人自动联合会，芜湖店员工人的文化组织……，这些都可以表现群众对于自己工会组织要求的迫切；再则工人生活的痛苦达到最高的率度，中国工人生活以机器匠为优，但是北方京绥铁路工人欠薪至十八个月之多，其他更可想而知。这并不是某一个地方的特产，而是全国极普遍的现象。所以全国工人运动的前途，在这些条件之下、完全是向前发展的局面，这是必然不可避免的阶段。但是敌人进攻也是一天一天的利害，不但是赤色工会是他的眼中钉，就是最反动的广东总工会也有被解散的可能，当然革命运动的复兴，尤其是工人阶级斗争的开展，豪绅资产阶级任何一派都认为是根本的危险而企图消灭，所以在这数月中向工人阶级的进攻，真是无微不至！

广东机器工会在五月（？）开大会的时候、广东政治分会的代表出席参加，在训词中说：“不但是危害政府的工会要解散，假如机器工会违背政府命令亦需要解散的”，（对反动的机器工会，他们尚是如此，其他更可想而知）呵！这是多么的威风，他不但说，而且彻底执行了。当政治分会宣布取消三铁路（粤汉，广九，广三）在“共产时代”斗争得来条件的时候，三铁路工人与自来水兵工厂电灯局的群众准备起来反抗，为恢复条件的斗争，但是被李济深政府知道，广九与粤汉两路被捕去十余工人，所谓反共最力的机器工会领袖之一刘永（？）与数名工友，也被政府认为共产党徒而枪毙了，同时每路每厂派军队一营去镇压这个斗争。

北京的工会，白崇禧请求阎锡山下令将一切工会解散与封闭，所谓国民党北京市指委会的忠实同志李乐三也被认为共产党而被通缉，虽然经各地工人阶级反对和力争卒将命令取消，但这事可表示敌人的决心与政策。天津行源纱厂工人罢工被警备司令枪杀数名工友，广东政治分会令马超俊组织全省工会联合会，原有各工会要从新登记，违背政府命令，一律封闭……。这些都是地主豪绅阶级主张继续反动的政策。在所谓五中会议，桂系和西山会议派，坚持反对恢复民众运动，更是最好的证明。

但是民族资产阶级的进攻策略是不同了。他认识清楚，知道这一更反动的政策，不但不能镇压工人阶级的斗争和消灭群众的组织，反而只有逼成更广大群众斗争的暴发与组织的决心，因此他们便主张并且采取改良政策（？）来欺骗群众，消灭群众的斗争和组织，但是他们政策所以根本不同，并不是单方面的只认清楚地主豪绅阶级策略的不能起极大作用，而是因为他们互相的利益冲突和他们阶级观点与经济背景的不同。所以对于工人阶级的政策是各异的，但是他们的目的是一样的。我们在上海这个月已看得非常清楚，他们对群众的斗争在五三以前是与地主豪绅阶级采取同一样的政策，所谓为“巩固北伐后方”“严防共党捣乱”在这反动口号之下禁止了一切群众各种运动。但是从济南事变，反帝运动已复兴，各地的斗争一天一天的热烈，在这种情形之下，就改变政策了，更巧妙而又阴险的改良政策的欺骗，极普遍的流行与实现：“劳资仲裁”“工农商局调解”“市党部谈判”、警备司令部的皇皇命令“先复工后磋商条件”，还有什么工农商局的工商法规条例，工整会与市党部的甜言蜜语：“你们的生活虽然痛苦，但是较前敌兵士好得多，你们是革命的，应该知道前敌兵士较你们更苦，还要打仗，冲锋拼命，现在夹衣也没有得穿，他们也为着革命的利益能够容忍下去，你们在后方应该有这种的精神，你们的纠纷，是不应该的。提出这种条件更不对，你们知道在现在正是共党到处煽动罢工扰乱治安，你们不要受他欺骗，假使你们激烈就会被共党利用去了，”唷！多么甜蜜而又动听的高调呵！这种的高明就连妓女与嫖客密语的时候也没有这样熨贴与周到！他们对付上海工人阶级由米业斗争至最近的邮务罢工，不下一百余次的斗争，都是用这样的手段，现在又更花样翻新，什么“工会登记”，各工会职员“照相片备案”，好像是保护劳工团体（肉麻得很），这是多么阴险而又辣毒呵！事实上，他们压迫和剥削工人阶级，使之没有集会结社的一切自由！一方面欺骗群众以为要在所谓国民党政府之下得着“合法”才能组织工会，别方面准备屠杀与易于缉拿工人阶级的领袖。最近又利用七大工会的领袖的计划来组织上海特别市总工会。十月十七日报载九大工会代表进京（拜见皇帝），他们知道工整会在群众中失了欺骗的作用，成为不动的僵尸，所以要另找别个工具了，这是常有的事实。你不看见过去的工统工整会吗？名称数月而几易，什么缘故？为要想换到能做欺骗工人的组织的目的。同时他们知道单纯欺骗还是不够，应要软硬兼施，欺骗不下的时候，用武力压迫来助，因此更需要与帝国主义的巡捕房勾结，所以在每次斗争中欺骗不下的时候，便有封闭工会，通缉工人的领袖与代表等（如估衣业工会，熟货业工会），拘捕被压迫工会联合会，——一幕一幕的表演出来了。同时更巧妙的拿工人阶级的斗争来造成他们自己升官发财的机会，与利用工人阶级的斗争力量来敲资本家的竹杠，如过去五百零七万出卖英美烟工厂工人，一百二十万出卖丝厂工人，三万元出卖码头工人，五千元出卖熟货业工人，五千元出卖华成工人，一千元出卖九厂工人，一百元出卖振泰工人，又吞没几百万的救国基金（日货罚款），（按救国基金系预备救济失业工人的，现在被他们分赃了！）并且收买工贼走狗流氓来破坏群众的斗争。

代表地主阶级利益的冯玉祥，对于河南工人阶级也仿效这一政策，他是地主阶级的代表者，同时受过美国耶稣教假道德所谓“人道，慈善，博爱”的洗礼。他一方面屠杀卫辉纱厂的数百斗争的工人，但是别方面派出许多工贼流氓警察来组织工会，同时在郑州还办一个外面修饰得极漂亮且大而里面便连椅也没有一把，成年不见过一人进去的工人俱乐部，并且还办什么工人学校，每日每人一定要上四小时课，不去扣罚一元工资，六十余岁的老人亦要强迫他去念书，读什么三民主义啦，讲什么革命哲学啦，自然是应要为冯总司令牺牲喽。

总之，民族资产阶级对于工人阶级的改良政策是坚决运用的，因为他的经济背景有可能性，尤其在所谓工商业者，如在某一个工厂工人罢工如果群众是非常团结，没有压迫下去的可能，他就不能不答复工人要求的条件了。固然为着生产起见而有时被工人屈服，但是他的经济基础在客观上逼他是如此。但是改良主义是不是在中国可以实行呢？那就不可能了，实行改良主义的条件，必须是：

一、有统一的及稳定的政权；

二、在经济上政治上不受帝国主义的压迫与剥削；

三、产业与经济有相当的安定与发展。

但是这三个条件，现在全没有半点的希望，有的也不过是资产阶级的幻想，国民党的政权现在不但不能统一，尤其是在攻下北京与所谓“五中”会议以后，表现尤为清楚，而且各派军阀的冲突只有向前发展，准备厮杀与夺取反革命领导权的战争。各派军阀要准备这一战争的力量，必要筹大批饷械，所以苛捐杂税只有增无减，这几个月各地反捐税运动（如汕头运输税，广州业捐，芜湖长沙上海……）可见一斑。经济必然日益破坏，短期善后分债票五千万已发行，中央银行筹备着无限制不兑现的钞票，不久又在江苏与各地纷飞。同时交通梗塞，原料缺乏，工厂的倒闭日有所闻。帝国主义者洋货的输入与原料的运出较前增多，中国的工商业者可以抵抗吗？关税操纵在帝国主义者手里，国民党说明年实行关税自主，看着吧，不平等条约国民党现在已经毫无迟疑的承认“修改”了，使帝国主义在中国延长不平等条约，政治上经济上只有加增侵略与剥削。中国的资产阶级他的经济能力薄弱到这样可怜，他们要使国货能与洋货抵抗，一定要增加生产力，减少劳动的酬薪，因此对于工人阶级只有增加更严厉的剥削，绝对不放松半点，现在各地的资本家大批开除工人另雇以较低工资的，并且多数是代以女工与童工，目前女工与童工天天增加，这是明显的事实，所以他们的改良政策，只能做其欺骗的假面具罢了。

虽然中国资产阶级他没有实行改良主义的可能，但是他要消灭革命尤其是工人阶级的斗争，必需采取改良主义的宣传而缓和工人阶级的斗争，同时现在资产阶级为拼命去夺取反革命的领导权，更不能不积极采取这一政策，反动的国民党所谓五中会议的结晶是资产阶级被豪绅地主阶级所屈服（保留不取消政治分会，陈公博出洋，于右任滚蛋，革命评论停刊），当然资产阶级这种屈服，是因为没有充分的力量，不愿意马上暴发解决桂系的战争，现在国民政府与中央党部政权完全受桂系与西山会议派的统治，因此，一方面地主阶级的桂系，必然更加以压迫革命运动与镇压资产阶级的反攻，别方面资产阶级被其屈服，当然更积极的充分准备力量推翻地主阶级的统治，所以资产阶级他要积极准备推翻豪绅地主阶级的统治，夺取反革命领导权的斗争，必然采用改良政策的宣传，企图获得一部份群众力量，藉以攻击桂系的政府，现在我们很明显看出他们目前极力利用七大工会的领袖组织什么上海特别市总工会的把戏，是企图利用这个新的工具来欺骗群众的组织，固然一方面他要使群众对他信仰，别方面要能攻击桂系，必然不似所谓“合法”的宣传这样简单。将来一定可以拿更好听的话，“国民党是好的”在上层用改良宣传来欺骗群众，更进一步深入群众来用群众替他们争取反革命的领导权。不信你还看最近的所谓全国商民临时代表大会，在其三商会的欢迎会上，冯少山的欢迎词：“……每日到案数十起，收得请求免除苛捐杂税，几千篇一律之文章，最近五中开会，上海商业团体赴京请愿，各方书面表示，亦无不以免除苛捐杂税为言，可知苛捐杂税已为全国国民最所痛苦，西人有言，不出代议士不纳租税，凡有租税必须预征商民同意，方能征收也。……如果我商人能于院中争得议席，举员参加，预闻立法，蹇蹇谔谔，率以商人之福利，为其发言之根本，如有一人之事，违反商人意见者，则由商人团体，用罢免权以免之，复决权以复决之，创制权以创制之，既经商人代表之讨论之表决，当不致过形苛细，如今日之甚，为我商人所难容”。“商人欲解除痛苦，自身亦不能不有力量，集全国二千商会，编练数百万商团，商人力量之不可侮者一，集全国商会之金钱，筹办一商民银行，商人力量之不可侮者二，有此两种力量，商人欲解除痛苦，易如反掌。”从上面这些话，可见其肺腑，这次大会的意义是：（一）要团结全国资产阶级的力量，（二）攻击桂系的政府，（三）推翻豪绅地主阶级争反革命领导权的斗争的准备。他要实现这一个任务，所以改良政策的宣传欺骗与利用，群众必然坚决的运用与执行，同时更积极找新的工具来运用武器。现在七大工会的领袖与陈公博派及所谓中华革命党（第三党）便是资产阶级的传声机，纯粹的清一色代表资产阶级的思想和言论，什么“恢复民权运动”“开国民会议”这一类的口号，无非是想来欺骗群众的宣传。还有更利害的欺骗。

上海七大工会，他们在反动的国民党改修中美条约签字的时候，发出宣言表示同情和拥护，完全接受了资产阶级投降帝国主义的政策，对所谓五中会议更上呈文请求什么规定保护劳工法则，并恭祝军阀会议的成功。在“驳潘序伦工厂分配盈余的意见”一文，尤其明显对于工厂法草案不根本反对，只是对于红利的问题毫无疑义承认了社会局的工厂法合于工人阶级的利益，这是完全卖阶级的言论，且不讲他，单说他对于红利问题意见是怎样呢？只是“争分配”，但是红利究竟是一个什么东西，他就没有说了。我们知道红利完全是资本家利用来增加对工人劳动的剥削，例如工人每天工作十小时，但是聪明的资本家他便向工人说，你们每天做够十二小时，将来剩余利润可以拿出若干成来分给你们，这种红利，是不是能够超过多做这二小时工作的工资呢？不会的，没有这种便宜。还有在不规定工作时间之范围，要工人拼命增加生产的力量。工人平时在工作时间以外，多少还可以安闲的，但是被资本家利用红利的欺骗剥削，工人就要拼命去替他增加生产了，甚至连饭也不能食，这是我们可以看得见的，资本家他要增加生产，为什么不在规定工作时间外，增加夜工呢？因为他知道开夜工所给的工资比所谓红利更多，同时夜工的消耗更不经济，所以在这两个问题看得清清楚楚，资本家完全利用红利来增加其剥削与收入，再退一步说，资本家每年剩余利润，工人知道吗？工人要知道，除非是要监督工厂，但这在反动的国民党统治之下，完全是幻想。所以七大工会他不提出增加工资的口号，只争红利的分配，真正为工人阶级的利益是如此吗？不！他完全替资本家来宣传做剥削工人的工具罢了。再则最近邮务工人罢工，被七大工会的领袖出卖了，他们在六大工会援助邮务罢工会议中，商务职工会委员提出，要邮务工人先复工，他们担保交涉条件，待政府仲裁，社会局调解，但是邮务代表起来反对时，他说，“此会是我们援助你们的会议，你们不能发言的，”这是完全与工整会同一政策，同时在宣言说邮务罢工未先征得他们同意，所以不能行动，这是欺骗工人阶级的宣传，还有在邮务复工时，六大工会的宣言更显然的看出他们是与工整会分不开的东西。同时在这次邮务工人复工大会通过的决议案，是工整会，国民党，七大工会的把戏，这天大会，邮务工人到会只得三四百人，为什么有二千余人呢？有的他并不是邮务工人呢！邮务不邮务有什么分别？他们先预备一切了，什么提案，与二千“所谓邮务工人”，都由他们带到会场，同时还有武装的监视，因此，复工与条件的决议案通过了。这是邮务工人的意见吗？只是卖阶级领袖与反动国民党的把戏呵！七大工会的领袖真不愧为第二国际改良主义者的忠实信徒，资产阶级的唯一工具。

从上面这些事实的表现，工人阶级目前的出路只有：

一、加强与巩固和扩大自己的组织——赤色工会，反对国民党御用的招牌工会及其工具——走狗，警察，流氓……一切卖阶级组织的工会，工会是由工人自己组织与管理，不受任何人的干涉和监视，职员要由自己选举出来，反对任何人的委派，这样才能真正保障工人阶级利益的组织，同时还要整齐自己的步伐，充实下层的组织（支部小组等），使组织更加严密和巩固，庶可战克敌人。

二、用自己的力量，力争工会公开存在，集会结社言论罢工绝对自由，这个胜利的条件，只靠工人阶级的团结，不是倚赖政治力量可以保护工会存在的幻想，尤其是没有所谓“合法”的可能，“政治保护”与合法完全是资产阶级戴这个面具来剥削压迫欺骗无产阶级的一切自由的武器，“工会登记”更是用来禁止工人组织工会的政策，我们没有见到工会得着政治保护，只有时常看见封闭工会，更没见过法律保护过无产阶级，一切的一切，都是骗人的鬼话，所以我们不懂得合法不合法，只要认识他是否为自己的利益，才不致被资产阶级的所谓合法运动的欺骗。

现在工人生活的痛苦，已不可形容，要得着部分的利益和条件，只有增加工资，减少时间，改良待遇，反对任意开除工人，恢复以前一切的条件……的斗争，这些斗争胜利的决定与估量，只有运用自己的力量去实现，绝不是“阶级合作”“劳资调和”“工商仲裁”“社会局调解”“先复工后磋商条件”或赖倚几个代表与工会职员……所能解决的，这些都是欺人的鬼话，自己没有力量能够争得条件吗？现在其他不说，就在反动的国民党的社会局在半年来罢工的原因所说的一段话：“资方不履行前订条件，条件信约，双方缔结自当遵守，今者资方每有以前订条件，后不履行……增加工资，迩来生活费用，日益激增，劳方要求增加工资，固极正当……但得寸进尺纠纷迭起，反言之资方则斤斤于一己之利，不顾工人生活之安宁，自动加薪，千不得一”，自动加薪，不但千不得一，全国也是罕闻呢？所谓得寸进尺更是鬼话，条件都没有履行，何能得寸进尺？要达到斗争的胜利只有运用自己的力量与本阶级的团结，肃清资产阶级的改良宣传的余毒，才可以打破斗争的障碍，同时不致被工贼领袖所出卖，邮务罢工，华洋印刷工人罢工，第九间纱厂的罢工，广州河南机器厂工人罢工这是绝大的教训和经验呵！

当然工人阶级要得到根本的解决与最后的出路，只有准备武装暴动，推翻豪绅资产阶级国民党的统治，夺取政权，建设工农兵代表会议苏维埃，与没收帝国主义在华一切财产，驱逐帝国主义。

（原载《布尔塞维克》1928年第2卷第1期）

《中国工人》卷头语

（1928年12月1日）

“中国工人”是中国工人阶级的革命先锋，是全中国工人的灯塔，这个灯塔，有好久没有照耀着全国工人阶级了，现在中华全国总工会要将这个灯塔重行建立起来，使全国工人在黑暗世界可以得到一线的光明，这是再好没有的事了。现在将最近全国工人的生活的苦况及反抗运动概况作一个简要的叙述，以作为这个灯塔复活的发引词。

中国工人，在帝国主义及走狗军阀统治之下，无日不在辗转呻吟的痛苦中，自国民党反叛革命以后，中国工人却如坠入在十八层地狱之下，天天受着残酷的压迫与屠杀丝毫得不到一点自由。甚至于工人在工厂谈话亦被禁止，任意开除工人，乃是资本家的家常便饭。现在京汉铁路的工人，欠薪至十八个月之久，南洋兄弟烟草公司工人每日工钱不过五分。工人要求加薪，反抗资本家的剥削，国民党政府就加以共产党的罪名，捉去枪决，这就是国民党“统一中国”“北伐完成”到“训政时期”，工人阶级在过去参加革命运动所得的酬报啊！

现在豪绅资产阶级为要企图反动统治的稳定，对于消灭工人运动的政策，花样愈更翻新，五中全会桂系坚持“分治合作”，取消青年运动，继续停止民众运动，现在国民党中央又来欺骗工人说：（一）工人所受的痛苦，是帝国主义的种种压迫，完全与国民党无关。（二）中国没有大资本家压迫工人，只有小工厂为工潮所摧毁，造成工人的压迫者。（三）目前工人之生活比其他职业界中人生活优裕，否认工人现在的痛苦……这些都是他们欺骗工人的话，还有所谓训政时期国民党的工作大纲，如造林教育筑路等，将来也要如缪斌所说的，“振兴工业的工会，振兴农业的农会”，这是国民党用复古的政策来消灭革命运动的。

资产阶级不但是利用工人来维持反革命统治权，且要用改良主义来欺骗工人，如他们的什么“劳资仲裁”“阶级调协”皆是，他们御用第三党及革命评论派为其宣传反革命理论的工具，在群众中摇旗呐喊说什么三民主义是革命的，这样一来，他们仍可拿出厕所里的三民主义做诱骗民众的工具，他们欺骗民众最要的事实，一见于压迫邮工罢工，再见于蒋介石的合法宣言，三见于欢迎第二国际领袖汤姆生之来华，还有受过基督教洗礼的冯玉祥也学得这些时髦政策，颁布矿工八小时工作制，而实际则减少一半的工资，因此，工人要作两班（十六小时）才可生活，又派政治指导员充当工会秘书，收买工贼来做委员长，开训练班来研究压迫工人的方法，一切的一切都是资产阶级国民党的恶毒手段的实施，尚有上海七大工会的领袖们，更是国民党的走狗，他们赞成什么欺骗的修约，恭祝军阀的“五中”会议的成功，承认社会局的工商法则，由这些事实看来，七大工会的领袖们，简直是工人阶级的贼。

帝国主义一面继续封锁革命的苏联和压迫殖民地的弱小民族，一面对本国工人极力剥削和欺骗，而对于中国的侵略，更是凶厉，如英帝国主义帮助桂系军阀，日本帝国主义豢养张学良做走狗，美帝国主义以蒋派军阀做工具，他们各个利用一个或数个工具，在中国造成久远的内乱，施行白色恐怖，屠杀工人民众，他们对工人的屠杀与压迫加厉，工人群众的反抗运动便愈烈，如五卅运动，省港罢工，收回汉浔租界，上海工人暴动，及最近广东，安源等处工人之酝酿罢工反抗压迫阶级。

全国工人阶级在帝国主义，国民党，豪绅资产阶级重重剥削压迫之下，所过的生活，简直比牛马不如，惟一的出路，只有大家一致的组织起来，与全世界工人阶级佔［站］在一条路线上，用自己的力量，推倒帝国主义及走狗豪绅资产阶级的国民党政权，建立工农民权独裁制的苏维埃政权！现在全国工人的灯塔，工人阶级的指导者——“中国工人”复刊了，我们庆祝它永远指导着工人阶级，长久的照耀着全国工人，引导我们出黑暗而入光明！帮助我们苏维埃革命的成功！！

（原载《中国工人》1928年第1期）

邓中夏

邓中夏（1894-1933），原名邓隆渤，又名邓康、邓重远，字仲澥，湖南宜章人。中国共产党创建时期的重要领导人，中国工人运动的杰出领袖，无产阶级革命家、理论家。1917年考入北京大学。1920年在北京加入共产党早期组织。1922年7月在党的二大上当选为中央执行委员，会后任中国劳动组合书记部主任。1923年8月在中国社会主义青年团二大上当选为中央执行委员会委员，任团中央执行委员会委员长。1925年5月任中华全国总工会秘书长兼宣传部长。1927年8月在八七会议上当选为中共中央临时政治局候补委员。1928年3月赴莫斯科任中华全国总工会驻赤色职工国际代表。1930年9月任中共湘鄂西特委书记、红二军团政治委员兼前敌委员会书记。1932年任全国赤色互济总会主任兼党团书记。1933年5月到上海法租界环龙路骏德里37号，与互济总会救援部长研究工作时被捕，被关押在法租界巡捕房，因叛徒出卖身份暴露，被引渡到国民党上海市公安局看守所，9月转押至南京宪兵司令部看守所，同月牺牲。

北京同人提案——为革命的德莫克拉西（民主主义）

（1922年6月1日）

朋友们：

这次杭州盛会，北京同人因种种原因未能参与，引领南望，能不依依。我们认这次大会，不仅是联络会友感情，乃为求彼此意见一致而讨论几个根本问题。所以我们虽未到会，我们很愿对你们的讨论贡献我们的一点意见。如荷你们的多数赞同，请共同签名在月刊上发表。

下面便是我们的意思。

我们现在不谈任何主义，我们只研究中国目前的事实问题，只看他要求于我们的是那一种，是政治活动，抑或社会活动。凡是此时住在中国的人，我们想，恐怕没有不感觉武人的横行和人民所受的困苦的。军阀盘据在各省，各省的财权、政权悉归于他们的掌握。他们登用一般趋炎附势、借公肥私的官僚，豢养一群毫无纪律的土匪式的兵士。他们为保存他们的势力和他们的一大群寄生阶级，遂迫而横征暴敛。他们因军队太多，一省地盘不足，遂迫而侵略邻省。于是教育经费被挪移了，实业经费被侵吞了，将各种为公共事业而用的财源都集中于养瞻游民和征夺地盘之用。战争的荼毒、勒索的淫威、兵匪的横行，将中国的工商业摧残殆尽，以致毫无发展的余地，只得苟且偷生。言念及此，我们真觉不寒而栗了。

中国内政腐败既已如此，而同时外国资本挟政治势力以俱来，以金钱贿买，以武力威吓。他们从中国的军阀与官僚手中将中国利权劫取无余，复束缚我们海关订税的自由，享受豁免厘金的权利，更能避免去兵匪的滋扰。他们挟几十年休养的雄厚的资本主义，以与在种种束缚之下的我们新兴的资本主义竞争。为防止我们民众的勃起，乃维持扶植腐败的北方政府（如日本借款给北方讨伐西南），使中国永远在军阀互争之下，不能崛起，他们也可永远遂其劫夺。近又为调解国际间的资本竞争起见，成立新银行团，召集华盛顿会议，希图以协和的国际资本主义代替互相竞争。在这样情状之下，我们内受军阀的滋扰，外遭国际帝国主义的胁迫，我们的经济日渐枯竭，生活的程度日渐增高，于是人民的生活状况也沦落无已，直到奴隶的生活为止了。

这样物质的束缚，影响及于精神。他在道德上的表现，是缺乏振作的精神、奋斗的意志。大多数生活不安，自顾不暇。所以同情心消失，合群性沦亡。他在知识界的表现，是知识贫窳，缺乏活气。大多数既奔在衣食，日营“从手到口”的生活，何能更有余力研究学问？道德、知识两俱缺乏，这便是今日惰性的中国，也就是今日麻木不仁死气沉沉的社会了。

我们认这种社会，不是以空泛的道德目标和不实用的科学常识所能征服的。而且除非物质生活的改善，永远不能将他完全征服。改良物质生活的唯一方法，是只有铲除国内的督军制和国外资本主义的这二重的障碍，由中国人开发本国的实业。我们要贯彻这主张，势惟有向保护督军制和国际资本主义的政治权力举行斗争了。我们唯一解除苦厄实行的方法，是只有引导被压民众为有目的的政治斗争。

政治斗争是改造社会、挽救颓风的最好工具。人民为最切近的利益奋斗，在群众集会、示威运动、游行、煽动、宣传、抵制这些具体事实当中训练而团结自己。扫除与群众不相容的习惯和道德，吸收富于活气的实际的知识。因为与共同的仇敌作战，养我同仇敌忾的精神，锻炼了互助的能力。这样有价值的经验的获得，将远胜于读书万卷和教育十年了。

在现在资本主义的政治和经济的势力以十倍、百倍、千倍、万倍的加速度破坏人类生活，将人类境遇愈陷于悲境，将人类道德愈约成服从的奴性的道德的时候，我们对于他不敢而且不想动他分毫，要学脱尔斯太慢腾腾的以十分之一、百分之一、千分之一、万分之一的减速度做不干涉政治的“小学教师”式、“园丁”式的社会运动，还侈言创造少年中国，这真是甚于希望以若干人的唾沫便可扑灭燎原之火了。倘使少年中国不因此侈谈而得创造，我们也就延宕少年中国的运动，成了少年中国的罪人了。

希望以社会运动教育全体人民，待全体人民觉悟后再谋政治运动，推翻恶政府，这永远是一不可能的幻想。在社会上尚有不平等阶级之时，被压的民众永远没有全体意志之可言，一部分的民意总要被治者阶级所收买或威吓。俄国的农奴有反对农奴的解放的；林肯放黑奴，而黑奴反对者颇不乏人；俄国帮助撒①的人民名为Blackhundreds（黑群众②）；湖南的人民竟有替张敬尧请愿者。只有真的革命家他不顾退化层的人民的反对，迳引导一般最有觉悟的群众向前斗争，以冀顽固的人民的归附。我们如若死守或全体参加政治活动或不参加的教义，这只是一种怯懦的心理，只是不敢以少数与最有势力的权威对抗罢了。况且，照不问政治的社会运动者的想像，社会运动不直接与军阀冲突，怎样可以一时大显灵异将黑暗政府扫去无余呢？

我们鉴于中国内军阀政治的横暴，国外资本帝国主义的压迫，将中国改良的各种希望都澌灭殆尽了，我们不能忍了，是

① “撒”即沙皇。——编者

② “黑群众”即帝俄时代的黑帮党人。——编者

有诚意改革社会的人们都应该不能再忍了。起来引导民众，打倒军阀和国际资本帝国主义啊！任何主义者，我们以为都应该在这时抛弃一切武断的成见，客观的考查中国的实际情形，应该在此时共同认定一联合的战线 United Front，用革命的手段，以实现民主主义为前提。朋友们，我们再不能延宕了！我们不能再使内部分裂反与敌人以可乘之隙了！

我们不是奴性主义者，绝不相信军阀能实现民主政治。因为这就是说，军阀可以扑灭军阀政治，也就无异说君主可以废除君主专制政体，资本家可以废除资本主义了。我们不是改良主义者，也不相信不破坏这制度，加入军阀或官僚阶级中，即可将他改变过来，实现我们的主义。因为我们的敌人不是个人，而是制度的本身。我们是革命的民主主义者，要以革命的手段实现民主主义，要连根带蒂的拔除督军制度以实现民主主义。在这一点，我们根本上不信任北洋军阀可以改造中国。

中国的国民党，抱民主主义的理想，十余年来与恶势力奋斗，始终不为军阀的威力所屈服。（虽然有人认他们联段、联张是放弃主义，是屈服于军阀的武力，但我们只承认他是一种战略，是可以容许的。）我们不能不佩服他们的革命精神。他们在广州近二年来的施设，如废止治安警察法、承认工人罢工权、振兴市政、发布工会条例、办理外交不辱国体等，也可证明他们还是民主主义者。虽然他们常为军阀所驱逐（袁世凯、陈炯明、陆荣廷等）以至失败，然而这是我们人民不能帮助他们的原故。从今以后，我们要扶助他们，再不可取旁观的态度。因为像这样，便是间接的扶持或默认反动阶级的利益了。

少年中国学会是知识阶级的团体。知识阶级在中国只有三条道路：第一是替治者阶级的丑行做知识上的盾牌，替治者阶级用深渊的学识解释、辩护他们的一切罪恶。第二是不干涉政治，任军阀残暴而不敢抵御，自己却以“到民间去”安慰自己，间接延长军阀统治的寿命。第三是引导少数觉悟的民众在各种事业中与军阀代表的黑暗势力奋斗，唤醒国人的同情。朋友们，你们创造少年中国到底走那一条路呢？

少年中国的文学家啊！你们不是因为要创造少年中国，所以创造动人的文学以冀民众的觉醒么？但是你们若不加入革命的民主主义运动，不更在实际活动的范围中指导他们，民众虽由你们得了感情的激发，他们或者将陷于无办法的境地，或者流于无结果的暴动了。

少年中国的科学家啊！你们不是想在中国发达科学、普及科学教育么？你们的同胞现在正为奴性和因袭思想所支配，他们现在只能终日营“从手到口”的生活，他们要你们先将他们从物质生活的羁勒中解放，再来领受你们的精神粮食啊！

少年中国的工程师和实业家啊！你们不是要创造一个工商业发达的中国么？你们的机会、地盘全遭军阀和国际的帝国主义所蹂躏或强占了，你们还不起来收复么？

为革命的民主主义，我们全体动员了。我们不要躲在战线后，空谈高深的主义与学理，我们要加入前线，与军阀及军阀所代表的黑暗势力搏战了。

黄日葵　陈仲瑜　邓仲澥

刘仁静　李大钊　沈　昌

（原载《少年中国》第3卷第11期）

我对于此次运动的全部意见

（1923年1月31日）

说来真是可悲、可愤、可痛、可耻哟！北京政治自从辛亥革命以还，差不多没有清明之一日。这其间有许许多多奇奇怪怪的事，只要我们国民不患健忘，没有不记着的。谁知“一蟹不如一蟹”，到最近更是弄得不象样儿了。今请说一个大概。

奉直战争以后，直系军阀势力更是突飞猛进。在中国罪恶上占有位置的一般无耻政客，群聚北京，打算继续他们“诪张为幻”的工作。谁知不幸碰着那孚威将军偏不做美，无处不抑制他们，妨害他们，所以便激动了他们的怒。他们于是乃异想天开，施其纵横捭阖的手腕，将保曹、苏齐、津王、益友社、政学系、全民社、新民社、交通系以及帝制罪魁，复辟余孽，结下了一个反动势力的联立战线。他们共同的目的，不消说是“争政攘利”四个大字。他们进行方法的原则，便是将曹大军阀拥进三海，做“终身总统”或“传世皇帝”。他们便在曹大军阀势力之下，垄断政权，宰制人民，可以为所欲为，毫无忌惮。他们进行的步骤：第一步是推倒王宠惠内阁，建立自己御用的内阁；第二步是进行“最高问题”。现在他们第一步算是成功了，正在聚精会神做第二步，红罗厂是交易场，内务总长是经纪人，议长是卖主，议员是猪仔，光天化日之下，公然行贿，耳目所及，报章所及，不是令人心惊，便是令人发指。不过在这进行“最高问题”之中，最为他们所认为劲敌的，一个是革命先觉的孙中山；一个是比较进步的吴佩孚（因为他颇有爱国与反抗外力的思想）；一个便是我们这些新派人物。他们对付孙吴的办法，首先便是破坏孙吴之联合，再一面援闽助陈（炯明）以扼孙，一面通奉联交以制吴。他们对付我们的办法，首先便是扰乱北京教育界，自军阀走狗彭允彝登台之后，更换法专校长，更换农专校长，是其见端。总而言之：他们对于北京各学校是要一网打尽，完全造成反动派“清一色”的势力。他们不这样，便恐我们这些真心爱国的教育界，为他们垄断政权宰制人民的障碍，他们不能不认为是眼中钉，不能不处心积虑把眼中钉拔去呀！总括说起来，现在北方的政治，是反动势力的政治，既是军阀政治。

在这样反动势力政治，即军阀政治之下，我们那一个可以幸免。蔡先生之走，表面上是为不屑居于破坏司法独立、蹂躏人权的彭允彝之下而走，实际上确是为了北京反动势力政治，即军阀政治之压迫而不得不走。请看他的辞职书中，一则曰：“数月以来，……举凡政治界所有最卑污之罪恶，最无耻之行为，无不呈现于国中”，再则曰：“痛于政治清明之无望，不忍为同流合污之苟安”，三则曰：“然国家大政所关……亦不敢放弃天职，漠然坐视”。可知蔡先生完全是北京反动势力政治，即军阀政治逼走的。况且蔡先生未走之先，即有他的朋友把反动势力那一方面如何如何作免蔡的进行，不断的告知蔡先生。蔡先生在这种逼迫之下，安得而不走？即令不是彭允彝，或是温世霖，或是杨度……，蔡先生终归是站脚不住的。推广来说，所有北京教育界，终归都是站脚不住的，除非降伏在他们脚跟底下。由此看来，反动势力政治，即军阀政治一日存在，教育界即一日要被摧残。所以我们可以从这里得一个结论，断言此次运动的真因，并不单纯是一个校长问题，也不单纯是一个教育总长问题，乃是一个反动势力政治，即军阀政治压迫我们的问题。我们如再不放大眼光，看清这一点，便是自杀。教育界诸君呀！学生界诸君呀！“五四运动”你们做下了空前的光荣的成绩，可是你们那时叫出“只问外交，不问内政”的错误口号（虽说是那时别有苦衷），现在请你们莫要一错再错，又叫出“只问教育，不问政治”的口号呵！我们应该要叫“要问政治，不忘教育”的口号呵！全国工商各界的同胞呀，你们要知道反动势力政治，即军阀政治，不仅是北京教育界被蹂躏，被催杀，他们既有胆子这般对待北京教育界，他们亦会有胆子这般对待你们呵！你们要和“五四运动”时代一样有休戚相关的精神，与北京教育界一致行动，大家起来推翻这反动势力政治，即军阀政治呵！顾亭林说得好：“天下兴亡，匹夫有责”，凡是国民，便该“义不容辞”“责无旁贷”呵！

由上边看来，我们此次运动，不是那一校的运动，也不是北京一隅的运动，实在是全国国民共同的运动。因为受反动势力政治，即军阀政治之压迫，是全国国民共同一律的。所以我向国人尤其是北京教职员和学生建议，我们此次运动的目标，不要特别注意“挽蔡”，也不要特别注重“驱彭”。因为这些都是枝节问题，只要反动势力政治，即军阀政治根本推翻，这两个小小问题，便可“迎刃而解”。况且推翻反动势力政治，即军阀政治，是全国国民同情的，若“挽蔡”只北大一校同情，别校便难得同情了；“驱彭”只北京一隅（且只限于教育界）同情，各省便难得同情了。我们如果不将全国国民同情的政治问题，做我们此次运动的目标，而将北大一校同情的“挽蔡”问题，及北京一隅同情的“驱彭”问题，做我们此次运动的目标，便是自杀！便是自杀！

是的，反动势力政治，即军阀政治，是我们所要决心去根本推翻他的。不过要推翻他，不是说句“浪漫式”的空话，可能济事，所以我们要寻着他们的要害在什么地方，我们便在这要害上，施以猛烈的无情的攻击和打翻，俗话所谓：“打蛇要打七寸”，就是这个道理。现在这个所谓“法统重光”以后的国会，便是他们要害所在。因为现在的国会，实质上已不是人民代表的国会，乃是军阀收买的国会，是完全进行“最高问题”的国会，是他们假借以强奸国民的武器。我们便要把他们这副武器打碎，便可给他们一个“致命伤”。所以我们的目的物，就是“否认国会”。国会即给国民的意志否认了，如果他们依然悍然不顾，进行“最高问题”，则由国民否认的国会，选举的总统，是非法的总统。万一军阀挺身出来拥护，这国民否认的国会，那就更妙了。因为我们平常高叫打倒军阀，还是不直接的，这样一来，便可使军阀与国民两个壁垒，四目相向，短兵相接了。所以否认国会，是一个很切实的、具体的推翻反动势力政治即军阀政治的工作。

代议政治在今日已成“强弩之末”，这是另一个问题，我们现在可以不去管他。现在我们就事而论事罢。我们中国的国民真老实呵！现在的国会根本上就是非法，我们却一声不响的默认他了。十年前召集的国会，论理不能代表今日之国民，我们也一声不响的默认他了。这莫非是我们国民创痛钜深，厌乱心殷，以为只要国会能有根本觉悟，图功赎罪，将全国所希望的宪法制定出来，或可纳万乱于法轨之中。现在呵！这个所谓“法统重光”以后的国会，在昔时固然是做下许多滔天的罪恶，令我们痛心疾首，谁知他们的牛性依然未改，野心仍然勃炽，“所有最卑污的罪恶，最无耻之行为”，没有一样不躬行实践的作了。“廉耻道丧”可谓极矣！我们姑不光举“光园拜寿”这一类关于道德问题的事实，做他们罪恶的证据。我们且提出一件关于刑法上的受贿案，和一件关于约法上的违宪案来说说罢。

第一，受贿——买卖总统

国会受贿原来不止一次了，买卖参议院议长选举票是一次，买卖张内阁总理及阁员同意票又是一次，这些都是在光天化日之下，公开行贿受贿，这是何等吓人听闻的事！谁知他们“习与性成”，即无国民的抨击，又无检厅的起诉，所以无法无天连总统也买卖起来了。请看一月十六日《京报》高凌蔚谈话一则所载；

“（某问）外间谓此次阁下包办最高问题，确否？（高答）最高问题现在时机未至，更无所谓包办。（某问）此次二百元之津贴，非由尊处经手乎？所谓包办，即指此也。（高答）此事从前系由刘君与政团接洽，余事前一无所闻。迨本月五号以后，某军需官来京，借住敝宅，所有各党名册，均送至红罗厂，致发生此种误会。至曹巡阅使此举，系仿从前送冰炭敬之意，不过联络感情，更无所谓津贴。（某问）外间传言阁下与张亚农（众院副议长张伯烈之子）之新民社独厚，确否？（高答）余对各党向无歧视，亚农此次向余支款，余以不经手银钱谢绝，几为亚农所脑，何厚之有？”

除了此段记载之外，国会议员黄攻素在国会提出一个质问书说：

“自本月起，每议员支车马费二百元，限制投票价不出五千元，此种买卖，专由高五接洽……以堂堂阁员，竟明目张胆为之，作行贿经理也，成何政象？”

这种行贿受贿的事实，如果是在欧美日本，由报章披露出来，检厅便可起诉，将一干人犯拘押起来了。由此可证明在反动势力政治即军阀政治之下，行贿受贿是可以肆无忌惮的；由此可证明现在的国会完全是军阀所收买而进行最高问题的。试问我们国民还要他何用？我们国民还不推翻他要待何时？

第二，违宪——打请愿团

毫无人格毫无学识的军阀走狗彭允彝来长教育，这是谁也不能忍受的，何况乎他是禀承军阀意旨安心来破坏教育界？学生向国会请愿勿予通过，这是何等合理的事。乃国会不特不予受理，而且嗾使军阀殴打学生，受重伤者五十余人，受微伤者三百余人，各报均有记载，我们且不具引，只引国会议员李素“致同人书”的话作证：

“象坊桥畔，学生请愿……乃警士横加干涉，学子倍受赶击，刀砍杠伤，如捕盗犯，人孰无情，何能堪此”！

人民请愿的权利，载在约法，学生亦人民，岂有不准其请愿之理？今日学生请愿被打，他日商人工人请愿亦可被打。在世界各国绝没有看见过国会打请愿团的事，只有中国却是“破天荒”开下一个倡例。国会的职责，是保障人民的，谁知我们国的国会却是残杀人民的。试问我们国民还要他何用？我们国民还不推翻他要待何时？

国民呵！国会“助桀为虐”的罪恶，已是“磬竹难书”了，我们还有容忍之余地吗？我们还可不斩钉截铁的推翻他吗？

但是我们用什么方法推翻国会呢？这一层却不能不让我们仔细思考。

有人主张用炸弹手枪扑杀议员，这个方法未尝不可用，只是在意义上稍微差一点，因为不能具足表示全体国民的公意。

有人主张放火烧毁两院，这个方法亦未尝不可用，只是烧毁两间房子，他们还是可以另觅两间，于国会根本上仍不发生动摇。

有人主张电请各省召还议员，这却在事实上是不可能，不过可废一些电报费罢了。

有人主张劝告各议员激发天良，相率辞职，以谢国人，这更可令人牙齿笑脱了，这些军阀收买的猪仔们还有良心吗？这不是“与虎谋皮”吗?

然则上述各种方法，都不能与国会根本上施以打击，到底怎样才好呢?我经过长时间的思虑，与同学长时间的讨论，定出两条方法。我相信这两条方法，在客观上有绝对可能性，决不是主观上的浪漫思想，今请条举如后：

（一）以各省民众的国民大会否认国会

现在的国会已是为全国所深恶痛绝，否认国会差不多是没有那一个不赞成的，除掉国会议员（或许有少数明白议员亦赞成）和反动军阀及反动政客。我们派出的代表已经散布各省，联络各省，召集各省国民大会，一致在大会中当场表决否认北京国会，通电中外。国会的基础是建立在人民的身上，各省人民既不承认他为代表，他还代表谁呢?如经过各省国民大会否认国会的方式，即令他们军阀豢养与保障，亦成为非法的国会，尽管尸居余气存留北京，与国会人民丝毫无关。他们所议决各案固然无效了，由贿赂选出的总统亦是无效了。

（二）以全国代表的国民会议代行国会职权

由各省民众的国民大会否认国会，并在国民大会中表决一项，召集全国各职业团体遣派正式代表组织国民会议。其派出代表的标准，与召集的地点等等，另行商定，此地暂可不说。所有中国的政治问题皆在国民会议中解决。印度、土耳其已有前例，可备参考。

中国人民有麻木性是毋庸讳言的，不过最近一两年以来，却是精神焕发起来了。请举社会上最占势力的两大民众便可知道：（一）商人。从前的商人总被军阀那样摧残，那样压迫，然而他们总是墨守“在商言商”的古训。可是他们现在觉悟了，觉悟要干涉政治了。去年在汉口开的全国商会联合会，便决议组织一个政治委员会，推蒋梦麟、聂云台、黄炎培、佘日章为委员，此一例。最近上海商会又组织一个“裁兵理财制宪会”，闻已准备实力，以与军阀搏战。此又一例。从前商人的报章上，绝口不谈政治，现在谈了，而且热烈的有主张的谈了，此又一例。（二）工人。工人在两年之内，已组织了三十余万人。在两年中罢工勃兴，总说向经济的奋斗比较的多。然而在中国这种军阀政治所属之下，工人们感受痛苦实巨，向政治的奋斗，亦已趋向激烈。由此看来，中国政治改造前途是极有希望的呵！智识阶级在本身上是没有势力，然而如果相率加入商人工人的民众队伍去，却可增大无限的势力。教职员及学生诸君呵！工界诸君呵！商界诸君呵！民主革命派诸君呵！中国目前的大敌，便是北方反动势力政治即军阀政治，我们应该大家振作精神联合起来打倒他呵！我们先要做攻击军阀的武器，所以我们要先做“否认国会”一步工作，再议其余呵！国家存亡，在此一举，国人呵！起！起！起！

（原载《北大学生新闻》第9、10号）

中国时局的大概

（1923年10月31日）

诸位青年工友们！你们每天作上十几点钟的工，辛苦得了不得，那里还有工夫看报？并且你每月赚不到四五块钱，买吃都不够，那里还有余钱买报？即不看报，对于时事自然不清楚的了。我打算每月把时事报告你们，但是你们从前一点也不知道，或知道也是很少，所以我不能不把中国时局先说一个大概，以便往后我报告的时候，我提头，你们便知尾。岂不可一件很快活的事？下面便是说中国时局的大概了：

我们中国自从辛亥革命以后，推翻满清，改建共和。共和是以人民为主体，人民是主人翁，总统总理总长和一切做官的人都是人民的公仆。可是我们中国共和招牌算是已经挂上十二年了，然而人民受压迫，受苦痛，仍旧是和在皇帝专制下一样，并且说不定还要狠些。这是什么原故呢？就是满清虽然推翻，政权并没有落到人民手里，不过从皇帝手里让渡到军阀手里罢了。你看北京政府先前是袁世凯当权，后来便是冯国璋段祺瑞当权，现在便是曹锟、吴佩孚当权。这些人都是军阀，所谓“北洋派”。军阀别的本事没有，杀人放火，卖国殃民到是他们天大的本事，你想我们在军阀政府之下，我们那里有好日子过呢？现在是直系军阀曹锟吴佩孚当权，他们占领的省分，是直隶山东河南湖北安徽江西江苏和热河察哈尔绥远三特别区域，其余如陕西甘肃山西新疆有的算是慕其势，有的算是畏其威，而不得不服从的。反对直系的也有几派；一是国民党，辛亥革命就是他们干的，我们可说国民党是中华民国的母亲。国民党前几年势子很大，北伐军队打到了江西，几几乎要会师武汉，直捣幽燕了，后来因为内部出了一个判贼叫做陈炯明，勾通北方，把国民党在两广的势力推倒，受了一个大大的挫折，你说可惜不可惜？现在国民党又回到广东，把陈贼赶跑，可是陈贼不图悔过自新，还在惠州负隅顽抗。据最近的消息，说惠州快要打下来了，惠州打下，国民党的军队便可整师北伐，打倒曹吴。二是奉系张作霖。因为去年奉直战争失败之后，他便守住奉天吉林黑龙江三省，秣马厉兵，当想报直系之仇，实力也不小。三是皖系卢永祥。皖系的首领是大名鼎鼎的段祺瑞。段自前年皖直战争失败之后，势力完全推翻，仅只浙江和上海残留着，实力不甚大。和直系勾结的，一个是四川的杨森，一个是湖南的赵恒惕。国民党现在派兵驱逐他们。据最近的消息，熊克武已夺下重庆，杨森和直军大败，快要退出四川了。谭延闿快到长沙，赵恒惕已势穷力促，快要退出湖南了。其余如云南的唐继尧，贵州的刘显世，态度不明，正在观望风色。至于福建广西内部混乱不堪，现在还说不定是谁的势力范围。还有我们要特别知道的，就是全国国民差不多完全一致反对直系，南方各省不用说了，就是在直系肘腋之下的直隶省人民，也是暗中奔走呼号，运动革命。所以目下中国时局，直系军阀是一边，国民党奉系皖系和全国国民是一边，我们固然知道奉皖两系亦是军阀，知道一军阀失败一军阀胜利终非国民之福，可是现在利用盗打盗，贼杀贼，也不妨事。不过我们要记着，只有我们国民自己的势力可靠，所以我们应该急起，和国民党一致讨贼，我们的势力大了，可以获得政权，方不至现在吃直系军阀的亏，将来上别的军阀的当。

中国时局在表面上看，是万恶的军阀捣乱，从实际上看，尚有阴险的外国人（所谓列强，所谓帝国主义。）在背后做鬼。所以中国时局和外国人有极大的关系，我亦不可不略为说说。

我们中国差不多百年以来便受外国人的侵略。在满清手里，外国人就要中国割地，要中国赔款，把中国的通商口岸占领，把中国矿山铁路霸占，一直到现在还是一步不松，愈逼愈紧。不过在欧战以前，外国在中国飞扬跋扈的是英国日本法国俄国德国，自欧战后，俄国已由劳农起来革命，把皇帝政府推翻，德国被各国打败，劳动者正在努力进行革命，无产阶级是反对强权的，所以俄德今后是不特不再侵略中国，还要援助中国，是中国的好友。现在外国欺负我们侵略我们是那些呢？一个是英国，一个是美国，一个是法国，一个是日本，再一个是意大利。这五国之中目前最利害的是英国美国。他们现在伙同来打劫中国。你说中国军阀原是很容易打倒的，为什么我们国民费尽九牛二虎之力打他不倒呢？就是因为外国人帮助军阀。军阀没有军饷，外国便暗地里借款给他；军阀没有军火，外国便暗地里卖军械给他。这些事实，差不多每天可以在报上看到。外国人为什么要帮助军阀呢？就是因为军阀胆敢卖国，外国人可以在军阀政府下面得到许多便宜；并且利用中国乱事不平，外国人正好趁国民不注意，“混水摸鱼”。所以外国人对于中国军阀总是帮助，对于中国国民革命派总是摧残。你看国民党是代表中国国民的意志而革命的，为什么还是偏于一方，孤军苦斗，到现在还没有成功呢？就是外国人对于国民党非常嫉视，非常害怕，生恐国民党一旦得势，组织了不卖国的好政府，他们便得不到便宜，生恐国民党成功，中国乱平，他们便不好“混水摸鱼”。曹锟原是全国欲杀之的罪人，此次能够做总统，外国人实在帮忙不少。外国人前一两年尚戴假面具，还说什么“中美亲善”“中英亲善”……一派的假话，现在呢，他们借口临城土匪劫车案，检直不客气的要共管中国的铁路了，要派遣联合舰队占据长江了，你说可怕不可怕？可恶不可恶？但现有一事我们要知道的，就是日本国内遭了地震火灾，丧失不小，在几年之内，或者为国内部的恢复，无暇对外，也许对中国侵略要放松一点。可是日本放松了，英国美国却在这个当儿要放紧了，所以“铁路共管案”便是英国提出来的，“长江联合舰队案”便是美国提出来的。所以我们今后要以反对日本的热忱来反对英美，先前抗制日货，今后要抗制英货美货。外国人先前是明帮暗助的援助军阀，今后他们怕是不会再走那样转弯抹角道路。要明目张胆的来管领中国了。

诸位青年工友们！同胞们！我们是堂堂的中华民族，是堂堂的中国国民，我们的人心死了没有？如没有死，我们便该起来，大家团结起来，打倒这两个魔鬼！

这以上算是中国时局的大概，下期以后便一节一节的把每月的时事报告出来，请诸位把这大概牢牢记住，往后便可一看明白了。请了，下次再谈罢！

（原载《青年工人》第1期）

革命主力的三个群众——工人、农民、兵士

（1923年12月8日）

中国今天内外交攻的反动政治势力，算是登峰而造极了，社会心理趋向革命，企图革命，算是热烈而且普遍了，论理，瓜已熟，蒂该落，为什么现在大家都陷于束手无策一筹莫展的境地呢？青年们！我们想想！

打倒满清的“辛亥革命”，是我们青年干的；打卖国贼的“五四运动”，也是我们青年干的，当时我们青年尚无全省和全国的大组织，现在我们总算有了（组织是否强固有力，乃另一问题。）用这种大组织的力量推翻现在反动的政治势力，论理，摧枯拉朽，毫不费力，为什么我们青年也和各界一样陷于束手无策一筹莫展的境地呢？青年们：我们想想。

据我看，中国革命所以软弱和不能完成的重要原因，是为革命主力的工人农民兵士这三个群众尚未醒觉和组织起来。换句话说，就是我们青年只在文章上和电报上空嚷，并未到这三个群众中去做宣传和组织的工夫。

关于中国这三个群众的实际状况，我拟分期在本刊介绍，

现在先说这三个群众何以为革命主力的原因。

与其空谈，不如实证，我今只举出一个例子来。

俄国一九一七的十一月革命，不用说是这三个群众的力量了。我们且说同年数月前的三月革命。

俄国三月的革命，谁也知道是始于资产阶级要求民主主义的政治革命。论理，该是资产阶级为主力，谁知发难革命的却是工人和农民，助成革命的却是兵士。二月二十七日，三十万“彼得格勒”工人对于政府行了有抗议意义的总罢工，到了三月行了要求解放政治犯人的一个大示威运动，接连着到处的工人农民都暴动起来了。俄国遂陷于紊乱危急的形势，政府于是下了戒严令，由战线上把大队兵士调了回来，指挥军警把机关枪架满市街中各要所的屋脊上。三月十一这一天，就用机关枪向民众开炮。谁知指挥官命令开炮的时候，兵士反把指挥官枪毙，加入民众运动，许多联队都干起来了。民众于是得占领兵器厂，占领秘密警察本部，……政府由此推倒。他们这时组织了劳农会。

资产阶级对于要求立宪政治是赞成的，即至军队加入民众作乱，革命已成事实的时候，他们却开始改变态度了；如代表资产阶级的“立宪民主党”和代表大地主的“十月党”，他们还愿意维持帝制，主张“米哈尔大公”即位。在革命以前，“米留可夫”说：“若为胜利而必须革命，我们宁可不要胜利，”即此可见资产阶级对于革命态度的一班。但是“劳农会”此时却断然的反对帝政势不反顾，他们也无可如何。

由上述的事实，我们可以看出革命运动中只有工人农民兵士三个群众是主力，使我们坚信而无丝毫怀疑。此外如法兰西大革命和土耳其独立运动，都没有不靠这三个群众为主力的。此类例证，举不胜举。为什么这三个群众革命的精神格外富足格外坚决呢？自然是他们在经济上和政治上所受的压迫和痛苦是格外比人厉害，谚所谓"狗急跳墙，人急反噬"，他们不能不断然的趋向而且硬干起来。资产阶级虽能革命，然而他们总不免为了身家，瞻顾却虑，如印度资产阶级不论如何受英国政府的压迫和摧残，他们总想和英国政府妥协，调和，以希冀其产业经营之安稳和万分之一的进步。若这三个群众从事革命，他们所损失的，真是除掉锁链一条外，别无什么。所以他们易于坚决些。

青年们！俄国这三个群众所以能够革命，实因革命前俄国的青年学生一批一批的到群众间去；实因青年学生以其革命思想和知识一套一套送予这工人农民兵士的群众，所以俄国革命便成功了。我们处在这内外交攻的反动政局之下，我们所受的压迫和苦痛已是无以复加了，我们有没有人心？我们有没有民气？我们如不甘为曹家狗，亡国奴，我们便该迅速的从事这三个革命主力的群众运动。我们便应该大家转相告语着，成群结队的，到民众间去，完成我们重要的光荣的使命。青年们！去罢！

（原载《中国青年》1923年第8期）

我们为什么追悼列宁？

（1924年3月15日）

我们为什么追悼列宁？不是追悼列宁个人，是追悼列宁主义。他的主义是什么？简单说：是解放全世界的劳动阶级和被压迫的民族。因为要解放劳动阶级，所以在俄国实行社会革命，鼓吹产业先进国的英国美国日本法国都实行社会革命；因为要解放被压迫的民族，所以鼓吹并援助东方各弱小民族实行世界革命，并指导产业先进国的劳动阶级赞助并提携小弱民族的世界革命。这便是列宁的主义！

我们回头来看一看中国怎样？中国是个独立的国家吗？中国是一个自由的国家吗？不是的！不是的！也不独立，也不自由。中国是在帝国主义铁蹄践踏之下的一个极不独立极不自由的国家；中国是一个外国人殖民地的国家，是一个比印度安、南朝鲜、埃及差不多还不如的国家。所以中国的民族在帝国主义的眼中看起来，检直和狗一样：所以前几年上海租界里外国公园的园门口，高标“惟华人与狗不准入内”。诸位想想，这可恼不可恼？可恶不可恶？可恨不可恨？我们现在随便举出几椿事实来，便可证明帝国主义的可恼，可恶，可恨！

第一，干涉中国海关收税权——在产业落后的国家，要发展实业，全靠保护政策。海关既然被他们干涉，那里能够实行保护政策。所以中国的工业，就因此不能与外国竞争，饬本的饬本，倒闭的倒闭，比方上海纱厂，在这两年之内，就因这个关系，发生大大的恐慌，没一家不缩小营业，有几家宣告破产，最近听说吴淞的某纱厂也因不能维持要出卖了。商人固然吃亏，工人也因此失业。你看外国人干涉中国海关，利害不利害？你看孙中山先生要收回海关主权，重要不重要？这是帝国主义压迫中国第一件。

第二，外国银行纸币流通市面——外国纸币在各国流通，不是绝对禁止，便是有个限制。那里像中国他们可以随意发行，自由发行。因为这样，外国银行便可以操纵中国的金融。所以中国的商业，往往因各国银行操纵的关系，汇价涨落不定，大吃其亏，大饬其本；因此倒闭的，破产的，不知道若干？前年天津的茧绸商，便是一个老大的证据。这是帝国主义压迫中国的第二件。

第三，领事裁判权——领事裁判权只野蛮国家有的。试问我们甘不甘心承认我们中国是野蛮国家？外国人有了这种特权，所以他们打死中国人是不要紧的。如去年的乐志华就是生生的把外国人打死三次，后来他的同乡宁波商人替他在英按察使署起诉，结果是凶手并不定罪。中国最体面的宁波商人也是无可如何。又如租界里汽车压死外国人是赔偿几百两，压死中国人哩，只四五十块钱，通买棺材还不够，检直视中国人的生命，比蚂蚁还不如！这些都是受了领事裁判权的赏赐。这便帝国主义压迫中国的第三件。

第四，强迫租借土地。——现在中国的海口从“鸦片战争”以后，几乎完全被外国人强迫租借完了。他们租借的地方，仿佛就成了一个国，中国政府是不敢过问的，中国住在租界的人民要被他统治的。这叫做“国中有国”。这“国中有国”的主义，就是渺视中国的人民，侵夺中国的主权，是中国人不可□拔的大耻辱。就以今天的追悼列宁大会而论，诸位想想：我们为什么不能在租界内去开？租界是不是中国的领土？在中国领土之内，一切集会结社的自由权，都被外国人剥夺殆尽了，可痛呀！可耻呀！这便是帝国主义压迫中国的第四件。

第五，洋船自由行驶内河——那一国的内河是可以让外国船可以自由行驶的？英国可以吗？法国可以吗？日本可以吗？现在洋船在中国的内河，仿佛如水银一样，无孔不入，如珠江流域，从广州一直到广西的梧州南□，长江流域从上海一直到四川的重庆泸州嘉定。只要是有水可以行轮的内河，便有洋船。四川的河道又窄，洋船的浪花又大，白板船被洋船的浪击沉了，中国的政府很柔声细气的说两句话，他们说；“该当的，谁要你撑白木船”。洋船行驶内河，即垄断中国的内地商场，又危害中国的人民生命，检直制了中国的死命。这便是帝国主义压迫中国的第五件。

这不过随便举了五件，其余的还多得很呢。

帝国主义现在更是横行无忌了，在去年里，英国提出什么“护路案”，是要强霸的共管中国的铁路：美国提出的什么“长江联合舰队案”，是要险毒的占领中国的腹地。法国提出的什么“金佛郎案”，是要残忍的吸吮中国的膏血。又比如“粤海关案”美英各国胆敢调遣大批军舰来压迫中国人。这一类事实，真是多得很，举不胜举。诸位想想：帝国主义是怎样的欺侮我们？怎样的压迫我们？怎样的蹂躏我们？仿佛他们是屠父，我们是圈内的猪，他们要把我们杀便杀；又仿佛他们是刀，我们是俎上的肉，他们要把我们砍就砍。亲爱的同胞们！我们也是堂堂的大中华民族，我们便愿意做他们的圈中猪，俎上肉吗？他们这样对待我们，你说可恼不可脑？可恶不可恶？可恨不可恨？

列宁是天下第一个替被压迫阶级和被压迫民族打抱不平的。

我们中国是被压迫的民族，我们在这一点上，所以感激列宁，追悼列宁。

向来帝国主义讥笑说：东方有个病夫国，西方有个病夫国。东方的病夫国是指中国，西方的病夫国是指土耳其。可是现在呢，西方病夫国受了列宁的指导，得了列宁所统治的俄罗斯的帮助，不病了。土耳其的国民党在列宁的指导和帮助之下，把帝国主义驱逐于领土之外，领事裁判权等等都尽行撤废，现在完全成了一个独立自由的国家，屹立于世界。

中国要脱去“病夫国”的称号，要成为自由独立的国家，只有一条道路——“打倒帝国主义”。中国要打倒帝国主义，只有一条道路，和土耳其国民党一样与列宁所手创的俄罗斯联合。诸位：中国也有一个国民党。也有一个图谋全体国民利益，代表全体国民意志而革命的国民党。这个党的首领便是奋斗三十余年至今不衰的白发老翁孙中山先生。国民党在他的指挥之下，现在大加改组，仍旧不忘记他历史的使命，更勇敢的，更坚决的实行国民革命。他的两面大旗，一是打倒军阀，一是打倒帝国主义。他是解放中华民族唯一的先锋，他是拯救中国国家唯一的救星。他现在也是和俄罗斯联合，联合起来，打倒帝国主义，实现自由独立的国家。不甘做亡国奴的同胞们！一齐站拢来，站在国民党旗子之下，站在和列宁手创的俄罗斯联合实行国民革命的国民党旗子之下。赶快努力，赶快奋斗，实现列宁主义！实现国民革命！创造自由独立的国家！

我现在高呼：

列宁主义万岁！

反抗帝国主义的俄罗斯万岁！

中国的国民革命万岁！

代表中国国民而革命的国民党万岁！

中国独立自由国家的实现万岁！

（原载《青年工人》第3期）

中国青年应该与“少年国际”结合

（1924年9月13日）

说到这个问题，我想读者必会发生几个疑问，第一要问：“什么是少年国际”？第二要问：“为什么要和他结合”？第三要问：“怎么样去和他结合”？我现在一一的解答出来。

第一，　什么是“少年国际”？

什么是“少年国际”？简单一句话，他是全世界少年被压迫者——不分种族和颜色——的总组织。

原来西方的少年运动，经过了四个时期：

第一时期（从一九〇〇至一九〇七年）是萌芽时期。这时期不过是各国一些富有革命性的少年自动的起来组织和奋斗。他们那时的口号是：“反对军国主义”！“经济生活的改良”！他们那时是与社会民主党合作的，因为那时社会民主党还是与资本主义取决战的态度的，卖劳动阶级和当资本家的走狗的堕落行为还未表演出来。

第二时期（从一九〇七至一九一四年）是消沉时期。这时期各国青年受了社会民主党的迷惑和妨害，使他们忘了政治的奋斗，只仅仅做了文化运动的提高，几乎把原有的革命性完全消失殆尽了。

第三时期（从一九一四至一九一九年），是发皇时期。欧洲大战开始了：各国社会民主党和他们组织的“第二国际”通通变节了；不惜抛弃他们“反对战争”的决议而赞成帝国主义的战争了；卖劳动阶级和当资本家的走狗的真面目尽情的显露了。各国青年潜在的革命性从新燃烧起来了：看过社会民主党这样卖阶级的堕落行为，于是脱离这些判贼的羁绊而奋勇出来反对帝国主义的战争了。并在一九一五年在瑞士召集了一个社会主义青年团体的国际大会。他们那时的口号是：“消灭帝国主义的战争”！“社会革命万岁”！他们在这些革命奋斗里，有好些被捕拘禁了，有好些被屠杀了，有好些在狱里困死了。但是他们还是继续不断的进行，终予帝国主义以最大的打击，而留历史上以最可纪念的光荣。一九一七年俄国革命之后，他们的口号改成了“全世界共产主义革命万岁”！“保护无产阶级祖国——苏维埃俄罗斯”！一九一九年又在柏林召集一个少年国际大会，因为此时各国社会主义少年的团体，大多数是共产主义者了，于是大会决定改“社会”二字为“共产”，新的国际便称为“少年共产国际”；“少年共产国际”由此便与“第三共产国际”巍然耸立于世界了。

第四期（从一九一九年至现在）是组织扩大时期。这时期的经过，上面士畸君一文说得详细，我不必复说。总之，现在的“少年共产国际”，他是一个“全世界少年被压迫者——不分种族和颜色——的总组织”。他原前的职任：（一）为了要改善青年工人的经济地位，所以断然做经济的奋斗。（二）为了要反对青年服兵役和改善青年兵士的待遇，所以断然做反对军国主义和帝国主义的战争。（三）为了要免除资产家所施汩没阶级性的伪善的文化和教育，也以断然做社会主义文化教育的提高和反对宗教。他现在职任更扩大了，他不仅是要“完成列宁的志愿”！不仅是领导西方青年“反抗资本的反攻”！“反抗泛系主义与反动势力”！“反抗资产阶级的柱石——社会民主党”！他还要领导“西方青年和东方殖民地青年结合”！领导东方青年“反抗国际帝国主义和新帝国主义的战争”！总之，他是要联合全世界青年根本推翻资本主义和帝国主义。他组织的成份，不仅限于欧美，简直遍及于全球了。他本年在莫斯科举行第四次国际大会，到代表一百三十余人，代表五十余国。他的基本总人数现已达二百余万人。总之，他是现在全世界第一个伟大而庄严的青年总组织。

第二，为什么要和他结合？

上文说过，少年国际现在的职任不仅是要领导西方青年做反抗资产阶级和反动势力种种奋斗，还要领导东方青年“反抗国际帝国主义和新帝国主义的战争”。即此我们便可认识我们要和他结合的深切意义了。

原来自从欧洲资本主义发达之后，人类社会便发生资产阶级和无产阶级两个很显明对抗的壁垒。自从资本主义发达到最高形式而变成帝国主义之后，人类世界便发生帝国主义和殖民地民族两个很显明对抗的壁垒。无产阶级被资产阶级剥削掳夺的是剩余价值，殖民地民族被帝国主义剥削掳夺的是剩余利润。他们所被剥削掳夺的东西虽不一样，然而他们所被剥削掳夺的苦痛初无二致。所以产业先进国的无产阶级如要解放他们自己，只有对资产阶级实行社会革命。同理，殖民地的弱小民族如要解放他们自己，亦只有对帝国主义实行国民革命。社会革命和国民革命形式虽异，可是两者之间相需为用的关系却非常巨大，非常密切。因为资产阶级尚能尸居余气要倒不倒的原因，即因资产阶级尚能在殖民地掠夺许多剩余利润以苟延其残生，故无产阶级要根本推翻资本制度，除援助殖民地的国民革命成功，予以重大的打击，很难完成他们的社会革命。另一方面说，帝国主义尚能飞扬跋扈、深固不拔的原因，即因帝国主义本国内未能发生剧烈的革命运动以动摇其营阵，故殖民地民族要打倒帝国主义的侵略，除促进产业先进国的社会革命成功，予以根本的动摇，亦很难完成他们的国民革命。由此看来，产业先进国的社会革命和殖民地的国民革命应该结成联立战线，实行世界的大革命，才能达到最后的目的，得到真正的解放。

世界革命的形势是如此，除此之外，别无出路。青年在各国革命场合中是一支最有效的别动队，生力军，在这种形势之下，除了西方青年与东方青年结合起来共同革命，尚有什么道路可走呢?

“少年国际”便早就看到了这一层，所以大声疾呼：“西方青年与东方殖民青年结合起来呀”！并且早就看到日、美、英、法不免的冲突，早迟便要为了东方问题发生新帝国主义战争于太平洋上，所以向东方殖民地青年大声疾呼：“反抗国际帝国主义呀”！“反抗新帝国主义的战争呀”！中国为国际帝国主义公共殖民地，中国如求得民族之解放，国家之独立，政治之自由，只有打倒帝国主义及其所扶植的封建军阀。中国青年们！你们要为了这些而革命吗？你们须增厚你们革命的力量。你们要增厚你们革命的力量吗？你们须与各国青年革命势力联络。你们要与备［各］国青年革命势力联络吗？你们必须与这代表全世界青年革命势力总团结的“少年国际”结合。

第三，怎样去和他结合？

现在我们说到和他结合的方法了。我把我个人的意见说说。

（一）我们要与他结合，不是用一个空洞的团体名义，是要这团体实际上拥有广大的革命群众。所以第一个先决问题，便是这团体的基本单位。基本单位是将各种青年群众，如工人，农民，学徒，学生，兵士等，分别紧严的组织起来。究中特别是青年工人农民居首要的地位，因为只有他们有重要经济地位而且最富于革命性。中国学生虽有全国总组织，不过是名义罢了，实际并没有得到群众，应极力加强整顿使之名副其实。其他如青年工人，农民，学徒，兵士等，假如有可能亦应同学生一样有全国的总组织，否则，可先从某省某市某县或某地着手小规模的组织。名目暂时不必务求统一，或叫社，或叫团，或叫俱乐部，或叫联合会，均无不可；总之只要有真正的群众充实团体的内容便可。

（二）上一步工作做好了，我们可联合各种青年群众团体开一全国大会，商议全国各种青年群众的总组织，决定这个总组织的纲领和计划。名目现在亦不必预拟，又由这个全国大会共同商定。总之不能脱掉国民革命性，因为这是目前中国要求解放所需要的。

（三）第二步工作做好了，我们国民革命性的全国青年群众的总组织成功了，我们方可派遣代表赴“少年国际”要求正式加入为其一员而开始于［与］国际之联合。这样，我们的革命势力方能增厚；方能打倒帝国主义及其扶植的封建军阀；而得到民族解放，国家独立，政治自由的最后目的。

青年们呀！社会之花呀！努力！努力！这是你们生死关头所在。打破这一关，前途便有无限的光明。

（原载《中国青年》1924年第44期）

施滉

施滉（1900—1934），化名赵声，云南洱源人，中共党员。1917年考入北京清华学校（清华大学前身）。1924年赴美国斯坦福大学学习。1927年春加入美国共产党。1929年被派往莫斯科任少年共产国际翻译。1930年回国，在中共中央从事翻译工作。1931年赴香港任海员工会秘书，11月任中共河北省委委员、代理书记兼宣传部长。1933年3月任中共河北省委代理书记兼宣传部长。1933年7月在北平艺专召开会议时被捕，解来南京，1934年牺牲。

唯真学会

（1920年）

一　唯真学会底萌芽期

唯真学会是修业团底化身。去年十二月二十五日晚间修业团开年终俱乐会时通过要把章程全体推翻，重行改造。当时就举出起草委员来起草新章程，这是修业团改造底动机，也是唯真学会出世底萌芽期。

二 唯真学会底开始期

通过那个议案不几天就大考，大考后他们天天讨论章程，先把大纲（名称和宗旨）议定了——名称便是“唯真学会”，宗旨是“本互助和奋斗的精神，研究学术，改良社会以求人类底真幸福”。

从他底名称和宗旨决定后，唯真学会便开始进行了。这是该会底开始期。

三 唯真学会底试验期

这节便是记录该会半年来进行的情形。据我看他们作事底情形很像一种试验——把很多事情都做一下，看看那事究竟可做不可做。所以我就把它叫作唯真学会底实验期。这期可以分作三条记；

（一）团体组织上底实验。他们开第一次会底时候就决定不采头目制及包办制，而采用分工办法。

把会中所有事务分作若干种，再由每人自行担任一二种。职务是按应办底事实及人数分配，有记录图书管理庶务、工作部干事、工作部发售收发、文牍、会计、集稿发行、印刷及广告、交换、研究讨论部干事十三种。

会友十二人，各担任一事，惟图书管理事稍少故兼作文牍。大家分工作事，大家都有事做。对外代表有交际两人，是大家举出来兼的。至于开会的办法是：（1）有会友三人签名即可以召集全体会议；（2）主席由召集会者推出。这种组织试验了半年，多数亦还知道负责任，不过遇到事情难办和责任太大的时候，总有点闹意气及鸣不平的事情发生。但是，综起来说，这种组织总算试得了好结果，总算成功了。

（二）会友互助上底实验。这项有会友互相作德育上底批评和智育上底帮助两种。前者是大家通过实行的，后者是个人间的。德育上底批评大多数都不好意思实行，就是有几个人实行了，结果也不很好。有时因口头上的批评起了意气上底争执，但亦不过一时气愤所致批评虽因之归于无效，但大家的感情还是梁山泊上底弟兄，愈打愈亲热的样子。推其原因亦不外意气太盛，自视心太高，和好强辩几层。这亦不过是小儿气未全脱尽，将来经验多了一点，学识深了一点也可改掉的。会友互相作智育上底帮助则是自由的，无甚可记。由前一事中可以得一个教训，就是他们修养太少不能很虚心，现在大家都有了这层觉悟，将来很有改过底希望。

（三）作事上底实验。他们今年作底事情很多，结果可是不大好。贪多虽是做不了事而试验底结果可是要贪多才能得完满。今年他们作事底成绩虽无可言，试验底滋味可到多尝了点，他们作底事情可记的约有五件，现在分条略述于左[①]：

1.分科研究。分科研究是，会友有二人以上，可以自由为一科研究一种的学术。后来又把会友分作几组去读书，想把读书底心得来开会报告。但是大家因为办底事情太多，除随时闲谈的交换外，毫没实行。

2.讨论问题。这件事情是很有益很好的事，可惜也糊涂过去没有切实地实行。该会永久的进行计划及其他好几个问题都开始讨论过，后来因为大家对于这件事都不很有兴趣，所以没有一个问题得到完满的结果。他们把这种无恒和共同讨论精神底缺乏都引为憾事。

3.刊布出版物。这半年出了一期《唯真》，但因为会友大都是临渴掘井，到交稿期才预备稿件，所以村［材］料很觉得

① 当时的文章为从右至左竖排。——编者注

不好。

4.实行工作。工作部是二月间成立的。原来预定了园艺饲养、雕刻、木板印刷，以及装订五种，末后因种种困难只办到木版印刷、装订及园艺三种。木版印刷只印了百余本横行本了，几千张横行和六行八行的直行行信线几种。装订亦只装订了那几百本自印的一横行本子。就是这点东西可还全卖不掉。所以不只不能得利反亏了本。这都是他们作事的能力太薄弱，太无恒心的原故。

5.五一运动。五月一日是世界劳工胜利纪念日，他们想借这个机会做一点事情，所以就油印了二百份的《劳动声》，每份八张，全都是用浅近的话写出现在中国劳动者应知底常识。那天早晨拿去发给本校底校役及工人看。有时还同他们作一种的谈话。晚间该会开了一个茶会作为他们自己工作底纪念。

以上五件事情是他们今年做事底大略。亦就是他们试验底大概。第一件和第二件本来是顶要紧的事情，可是都糊涂过去把半年的光阴多半都费在办杂事上。会友底学识因此也没有多大长进，只是空口乱吹。这是他们底最大缺点，也就是这次试验底大概结果。

这种试验期可以说是唯真学会底过渡期间。凡事经过这种过渡期间总不得好，唯真学会亦然。外人对于这种自命觉悟而在过渡期间的团体固然不能满意，就是他自己底会友也没有一个满意的。现在他们底趋向都往“痛改前非”一方面走，作事固然是要作，但是自身道德、学识和能力底修养更要多加注意一点。下半年或者可以由“试验期”入到“唯真学会觉悟后底自修期”了。

一九二〇年五月三十日下午六时

（原载《清华周刊》1920年第6次临时增刊）

留美四年留欧一年的建议

（1923年）

这个建议的意思是：清华学生留美年限照章为五年，以后清华学生可以拿最后一年的公费去留学欧洲。理由如左：

（一）可以推广学问。美洲有美洲的学问，欧洲有欧洲的学问。美洲的学问，比较的粗浅；欧洲的学问，比较的精深。这是大多数人所公认的。并且美洲的学问，大半发源于欧洲，为学问计，我们不可不研究欧洲的学问，我们应当至少用一年的功夫去欧洲留学。所以说留学欧洲一年更可以推广学问。

（二）更可以增长阅历。阅历是实用的学问，一个人的阅历越大，他的能力越大。若是我们除了看见美洲的文物制度之外，我们再到欧洲看一看欧洲各国的文物制度，我们的阅历不是更增长吗？所以说留学欧洲一年更可以增长阅历。

（三）无留美五年之必要。通常清华学生留美两三年或顶多四年，就可以得学士硕士的学位，其所以延长至五六年者，多半因为投考博士的原故。博士有无投考的必要，另是一问题。而事实上想投考博士的未必多。若是有人在三四年之内就完成他在美的学问，而他又不想投考博士，回归又不愿抛弃一年的公费，势必再留美国敷衍一年。这不是白费光阴白费金钱么？因此，当局者应当有可以以最后一年的公费留学欧洲的规定。

总之清华人才之成功与失败，与中国前途极有关系。清华人才的学问阅历更广大，国家社会更受其利益。我很相信留欧一年的主张，是极有利益的。以上所举的几层理由，不过是我个人一时所想到的。希望注意清华教育的人，本学校的当局，以及与自身有直接关系的同学，共同起来讨论而谋解决。

（原载《清华周刊》1923年第292期）

顾 衡

顾衡（1909-1934），化名翟大来，江苏无锡人，中共党员。1927年考入第四中山大学（1928年5月改称中央大学）。1929年冬赴北京参加革命工作。1930年加入中国共产党。1931年任中共安徽省太和县委书记。1933年6月任中共南京市特别支部书记。1934年初任中共南京市委负责人。1934年8月因中共南京党组织遭破坏后，在中央大学附近的秘密住所被捕，12月牺牲。顾衡是中共南京党组织第八次遭破坏时牺牲的主要负责人。

你须知道自己

（1930年7月）

这文冒用了顶顶大名的夏丏尊先生在开明“中学生”杂志上发表的“千古名作”的题目，实在是罪该万死！不过从该文所指示后生的根本态度中，看到夏先生伟大的谦恭忍耐的修养，想来对小子定可大量包容。编者。

一

诸位同学们！我们现在正是离开了天国般的孩童生活，进入青年时代的一个阶段，学问方面正是不断的进步，思想方面正在继续的开展。现在的我们，不再像小学时代的吃饭睡觉上课而外只管着玩耍了。同学中在空闲的时候，都常常谈起种种问题。譬如“近来时局怎样了？”“你将来准备怎样？”甚至于更谈什么“世界经济大恐慌”“中国革命”“××主义”等等问题。事实上，我们已离开了家庭的，孩童的生活，开始和社会接触；并且受着各种各样的思潮的激荡，常常打量自己，常常为将来的出路思虑着！

只要是有思想的青年，处于现在这种社会状况之下，一定常常发生许多感触，——社会是这样扰乱，人类间是这样不平等！富的人一天到晚不劳而食，骄奢淫佚［逸］，穷的人每天工作十四五小时，还愁着不得一饱。全国的灾民几千几万的饥饿而死。军人们还是年年打个不停，今天倒戈，明天反正，循环不已的往复着。因此，亲长或先生们常常叹息着对我们说：“国家乱到这步田地，一切都靠你们青年了！”我们每听到这种话时，也觉得自己的责任非轻，前面是有着许多重大的使命必得我们去完成，于是浩然而起中流击楫似的气概，引动了救国救民的宏愿！眼见得前途真是像玫瑰一般的灿烂，海洋一般的伟大！自分将来学成之后，虽不能一手挽狂澜，至少也得做个抵［砥］柱中流的英勇豪杰，于是更造起了不知多少的空想，科学发明家哪，工程师哪，哲学家哪，高尚而廉洁的政治家哪，伟大的革命者哪，各有各的期望！总之，这时我们觉得的确是一切都靠青年！

可是，从废除科举以来，所谓“洋学堂”里一班一班的学生毕业，父老师长们每次照样勉励着，“一切都靠你们青年！”一年一年又一年，国家依旧这样混乱，社会依然这样不平等，甚或格外加甚些！这是从前的青年不如现在的青年么？还是从前的青年自甘堕落呢？是的，许多学生，一离学校后，便敌不住混浊的社会的种种引诱，不由自主的牵入了社会的旋涡，从前在学校里义愤填膺地高呼打倒卖国贼的，现在变本加厉的干卖国的勾当；从前孤洁自傲，愿以一生为研究学术而牺牲者，现在出入政治舞台，唯黄金美人之是图；就是所谓狷介自好的名流们，表面上似乎是直言讽世，众醉独醒，不失青年本色，实际上不过因一时见弃于权贵，借此出气。也真有些书呆子，廉洁自守，孜孜不息，但是社会上的事从没有他们的份儿，今天饭碗打碎，明天又位置动摇，颠沛流离，自顾不暇，更谈什么救国救民！照此看来，似乎是纯洁的青年往往才力不足，而有能力的人都是容易堕落了！然则，青年们在学校时代是如何有希望，一出学校便不免随波流去，这究竟是什么道理呢？假使真是如此，那么我们自己还能相信自己么？将来到社会上去，还不是一样的腐化，一样的卖国，一样的做后补政客，后补军阀；不然便一样的做倒霉的穷小子！“一切都靠你们青年！”青年们究有什么用处呢？诸位，假使这样想去，便竟日焦思，终年烦闷，也是循环往复，得不出一个结论！

诸位，要解答这个社会之谜必先深切的认识你自己！要认识你自己必从经济的关系上去找出你所在的社会层，从这社会层的一般的特质，你就能明了你所具的意识的由来和变革，而这种意识便支配了一切和你相仿的青年们的思想行动！

诸位，你们不是不愿随波逐流，任凭环境摆布的青年么？你们不是决志为人类谋幸福为社会谋改革的青年么？可是你们不也正在烦闷，正在失望，正在追求着出路么？要解决这些，更必须深切的认识你自己，再从这分析中认识你的道路！否则，物质的环环决不容许你尽自徘徊瞻顾，不久你就会不由自主地被卷入时代的洪流，走向反对的方向，不是摇尾乞怜，助桀为虐，做剥削阶级的走狗；便是永永被人剥削而分毫不敢反抗！

诸位纯洁可爱的中学同学们，我们在这儿来共同作一个澈底的探究，探究我们的出路，探究我们的人生的意义！

二

诸位，谁供给你们读书的呢？当然是家庭。然而诸位的家庭又靠什么收入而供给你们呢？有的是家里做生意的，靠买卖的剩余而维持；有的是家里种田的，靠每年的收获而维持；还有极少数是父亲或哥哥在工厂或机关做职员，或在学校里当教员，靠每月的薪给维持，就是完全要依靠这种收入才能养你们，教育你们，假使没有这种收入，你们便不能过活，更不能读书！

然而，这种经常的收入，——维持你的生活，供给你读书的款项——完全是你父母兄姊的劳力换来的么？假使我们仔细思考一下，便觉得这里面有些奇怪了！名义上是父兄养我们教我们，而实际上却不尽然！假若你家里是种田的，那么决不会只有五六亩田，靠五六亩田的收入就有余钱供给你读书，起码有几十亩田或几百亩田，而这许多田中间，一定有一大部分是租佃给别人的；纵使完全自己种植，至少也雇了许多长工等等，除父兄以外，还靠许多农夫帮你家耕种。假若你家里是经商的，那么决不会只像小贩样每天做些小生意，便有余钱给你读书，一定开着大店面，店里雇用了若干伙计；并且靠着一定的资本，用低价买进商品或货物，再用高价卖出去，（这些货物或商品的来源，追根穷源，或是农人耕种出来的农产品，或是工厂工人或手工工人制造出来的工业品。）从大众头上分抽利息而供给你读书。由此看来，你们读书生活所需的钱，大部分依靠贫苦的佃农，或者辛劳的伙计，和一天劳动十四五小时的工人供给的！事实上并非全依靠父兄的劳力！

诸君，你们现在是还能平静地过活，安心地读书，但若回过头去看看贫穷的农人工人们的生活：他们从早到晚的工作，竭尽了所有的血汗，终年辛劳，住的是破陋的小屋，三天两头是借钱买米，弄得不好还要挨饿，这还是平常状态之下的情形。假使农人们一旦遇到荒年，工人们遇到疾病或失业，那他们就立刻陷入人间地狱！中国遍地的灾民，掘吞树根，易食子女，日死数万，尸体狼籍；还有各处的游民乞丐盗匪，或是转辗街头，乞食残余，或是挺而走险，暴骨刑场；他们都是什么？他们都是失业的工人，失耕的农夫，他们正是供给我们生活读书的人！再看看他们的子女：小时候便因营养不足，面黄肌瘦，一到十一□□□□□□到田里去耕作，就到厂里去做童工，赤身跣足□□□□□□，有了疾病，也没有钱请医生吃药，只有活活的病死。诸君，农工们只有比你们父兄工作得更劳苦，为什么他们要过这种地狱里的生活？他们的子女生下来也是一个活泼可爱的婴孩，为什么要剥夺生机？他们供给大部租税给国家办学校，为什么他们的子女反而剥夺读书的权利？只要一比较，铁的事实便显露到我们眼前，我们是依据土地私有的制度，用田租剥削了佃户，我们依据资本私有的制度，用利润剥削了农工——农工因为贫困，所以不得不急急以生产品低价出售，又以高价向商人购买生活必需品。我们榨取了他们应得的，用劳力换来的酬报，牺牲了他们的生机而得安舒的生活，静心的读书！我们是残酷的刽子手，我们是掠夺他们的巨盗！

但是同时我们又是被剥削者！这怎么说呢？诸君，近几年来，你们不是常听见父亲或哥哥叹息么？田赋是一再预征，苛捐杂税是加之不已；天灾流行，田地歉收，多因各地军人的割据，不能有整个的水利设施，以至荒旱水灾，交替而来；兵祸联结，交通阻梗，营业也日趋衰疲！这种种经济上不兴盛的情形，时时影响到你们的家计，甚至于你们的学费也发生困难！但是尽管经济衰疲，而军事领袖，政府要人，以至于关卡税吏们的私囊都只有一天天增加。我们在报纸上常可看到银行界透露出来的消息，某伟人在汇丰银行存款若干，某伟人最近汇款若干万万至美国；我们更常听到妇女的闲谈，说着某家的大少爷做了厅长，最近带回多少钱购置田地，某人的丈夫新做县长，现在正修盖洋房。他们究竟从那里得来的钱呢？诸君，你们的家计一天天困难，而军阀官僚们无论成败总是富足，——在朝时则继续刮钱，一旦失败则舒舒服服出洋或走入租界做寓公。尽管金贵银贱的风潮闹得一团糟，打仗却总得打个畅快，更不怕没有钱。

还有，市场上洋货充斥，你们吃的是西贡米，穿的是日本的棉纱，甚至看的新闻纸，用的钢笔头，都是外国货。物价一天天涨高，生活费一天天增多，从前一个中学生大概有一百块钱就能读一年书，现在一百五十还不够。海关的入超一年年增加，欧美资本主义者大洋巨舶载着一船船货品进来，吃吮了我们的膏血而去；通商口岸的外国工厂一天天扩大，依持雄厚的资本，吸收中国廉价的原料，利用中国便宜的劳动，就地造出工业品，占据中国的市场。你们的小商业愈是衰疲，他们的收入越加增多！你们的农村经济破坏愈快，他们资本的势力愈见成风。诸君，在这种关系上，你们和流离颠沛的工农们一样，同是被人榨取；仅仅的分别就在你们遇到困难时还可加高田租，增大物价，从农工身上取偿，而他们只有继续的加重负担，忍受更重的剥削！

诸君，明白了这种经济关系，你们一定会觉得非常苦痛，非常愤怒！见解狭隘的人，便觉得除掉杀人与自杀而外，没有出路；有思想的青年，似乎又觉得要联合农工，一起革命，打倒帝国主义！打倒军阀！可是你们并没有认识历史的必然的变革之路途，更没有放弃自己希图个人乐利的幻梦，坚定投身革命的决心；你们脑里充满着许多悲天悯人的空想，嘴里尽呼唤着“打倒”“革命”等口号，而这种的经济关系，却必然地支配着你们的意识，形成一种改良色彩的思想，游移不定的行动！不信，我们从客观的事实上，就可明显地指出这种卑劣的意识形态。

三

大多数人都否认意识受经济背境［景］的支配，他们觉到人类的意志是绝对自由。所以青年们常常自视为革命的中坚，民众的导师。的确，我们自己觉得自己的思想始终是革命的，而智识才力又比大多数的贫苦民众高，社会不靠我们去改造靠谁呢？不幸，事实刚刚与我们的期望相反，我们穿起革命的外衣，而一切思想行动却大多是不革命反革命的！

诸君，我们不是异口同声，一致要打倒帝国主义，打倒军阀，建设起一个大同社会么？同时我们也不是常常醉心于伟人们所提倡的“工业建设”“农业改良”“教育救国”等等名论么？是的，这似乎都是至理名言，都是达到革命的目的的正当的道路！

伟人们说：“中国衰弱到这步田地，民穷财尽，一天也经不得再扰乱了！欧美各国，工商业是如何发达，市政是怎样完美！空中电车啦，地下铁道啦，电报传真啦，无线电驾驶飞机啦，一切一切都是应用最新最进步的科学方法建设起来的！回头看看中国，是如何的落后，怪不得要民穷财尽！欲图富强，只有迎头赶去，要谋建设，必须上下一心！我们政府，正在积极努力，兴筑铁道的计划已经拟好，正在接洽外资，各省的公路，各省都在进行；东方大港北方大港南方大港，已经罗致许多工程人材，积极计划；我们还要设法开发矿山，振兴实业！只要有人材，什么都有绝大希望！你们学生，是最有希望的青年，是将来的建设人才！你们切不要耗费了宝贵的时间，做许多非分的活动。静心读书，努力研究，将来以研究所得，供诸社会！”

“不错啊！我们应当切实努力！培养自己的学问，准备建设的工具！”我们觉悟了！我们这样信仰了！“不错啊，中山马路造得多宽，多堂煌；铁道部的房屋多壮丽啊，外国的建筑不一定较胜一筹；尤其是总理陵墓，如何的伟大！的确，中国所以贫弱，就因终年祸乱，不能努力建设！只要建立起廉洁的政府，只要形成统一的局面，只要造就起建设的人才，什么都不成问题！”

伟人们说：“中国以农立国，而现在的农业是十分衰疲，出产一天天减少，唯一的原因，就因中国农民不知应用科学方法！种子不知选择，肥料不知试验，新式机械不知应用，当然比不上外国人了！尤其可怜的，乡下人一遇到螟虫蝗虫，便只知求神赛会，毫不知用科学方法去扑除！有志青年们，你应当努力新农村的建设！破除农民的迷信，指导农民应用科学方法！我们设立农业学校，散播优良品种，指示他们加施适当的肥料；螟虫可于晚间点油灯扑杀，畜牧也可用种种方法改良；这样，农产立刻就可增加，农民立刻就能富足！”

“不错啊，他们的话的确看到中国人民根本的弱点啊！”我们觉悟了！我们这样信仰了！

伟人们又说了！“中国的所以不易振兴，根本的原因，还因智识太低；不识字的人数，占百分之八十以上。唯因这样，所以一切都被少数豪棍所把持，或被匪共煽惑扰乱；唯因这样，所以一切的建设都受着盲目的阻碍，不能顺畅进行！试看日本的人民，黄包车夫也看几份报！有志的青年们，要振救中国，只有根本从教育入手！平民教育，义务教育，乡村教育，我们都得积极提倡；尤其我们现在正提倡识字运动，我们集中精力干去，平民千字课，只要三个月，就能使成年失学者识字，记账，写信！不过，有志的青年们，无论那一种教育，最重要的还是师资的造就，假使你们不能耐苦，那么一到农村里便已不能生活，还怎能负担教育不识字的多数农民的责任呢？所以第一还是要你们青年努力，肯吃苦，教学做三者合一，努力负担这伟大的使命！”

“对啊！他们思深虑远，苦口婆心，这的确寻到了中国祸乱根本的症结了！我们应当这样努力，十年二十年，总有显著的效果！”我们觉悟了！我们这样信仰了！

诸君，这不是你们日常所信佩的伟论么？这不是每天充满着你脑海的思想么？这不是你们幻想着的革命的道路么？

我们不用说空话，我只把几个简单明确的事实写在下面，诸君用事实来批判一下自己的思想！

浙江建设厅一个测量队员的谈话：“浙江的公路已经测量过好多次，一个厅长就任，首先就是计划建筑公路，建筑公路，第一必先测量，于是一队一队测量队出去了！等到测量完竣，这一个厅长的地位已经动摇，新经任命的走马上任！所有的职员都从新换过，已经测定的图形路线都随着失散了。“建设公路，首在测量，”一批一批的测量队又派出了！一次一次又一次，建设厅的经费是一年年照样耗费着，浙江的公路大多还是空中的楼阁！（请诸君注意：浙江还是最安靖，表面上政治最清明，建设最起劲的一省！）

又一九二九年二月二十四日铁道部长致冯阎李三总司令电："查该路（平汉路）自去年六月起至本年二月上旬止，共收入客货运费八·九七五·四一五元，连同一切附加捐项及杂项收入，共计一一·一七九·二六六元。……再查在此期间，总支出一二·九五一·二九〇元。收支两相比对，已短收一百七十七万余元，皆由该路局向来往银行透支填补。但现已透支项额，无法再借，而此期间之支出，如薪饷方面，已积欠四个月未发。在材料方面，除煤斤欠款不计外，一切工程修理，亟待举筹者，计三百五十余万元，即以协饷而论，久属强弩之末，何尝能照原定百二十万之数拨付。在军事当局方面，则坐催强索，而路局方面，久已罗掘俱空，杀鸡求卵，终亦两败。然此种种，就冬季旺月而言也。兹据该局长呈称，春潦潮发，转瞬即届，非速筹三百五十余万修换该路桥梁钢轨枕木等项，则行车往来，将发生极大危险，此项工程经费，急待筹拨，倘仍照原定协饷之额，强行提拨，出入不敷，岂能无中生有！……”（注：这还在所谓“统一”的时间！）

诸君，铁的事实是我们思想的试金石！从上面两个简单的报告，我们便可推见一般，更可分析我们思想的矛盾！建设，建设，诚然是入时的名辞，是新兴的议论，可是我们只问："第一，在现状下建设是否可能？”封建军阀照样的割据，搜刮剥削愈过愈利害，铁路连修理的费用都没有，还谈什么扩充；统治者的建设是因人设事，主持建设事业的人五日京兆，根本上谈什么建设？“第二，现状下的建设，究竟谁得着利益？”平汉路尽管多年失修，罗掘俱空，铁道部却是皇皇新屋，庆祝落成；铁轨尽管危险，部长科长办公的地方不能不舒服！中山路宽大光滑，委员们的汽车风驰疾驶，陵园筑得壮严伟大，接待外国公使，的确可增加一个“谒陵礼”！然而大多数的老百姓，究竟得到了什么利益？除掉捐税格外加重，征发格外利害而外，没有其他好处？建设，建设，究竟是什么玩意？究竟是为谁建设？诸君，“建设啊建设！”诸君做得好梦！请了黄鼠狼来替鸡雏造屋，正配了他的胃口！诸君，建设而不根本从推翻现社会制度着手，那建设永远只是一个“口号”！

再看定县平教促进会职员某君的告：“北方农民大多须预交本年田租，否则不得耕种，以定县而论，每亩约须六元，故每当下种施肥，全持借债，改良品种，试验肥料，农民根本无力实行，改良养猪养鸡，按理论可得极良之效果；母鸡依最新方法饲养，每只每年出蛋百五十个；（普通只有六七十个），但须按时喂食鱼肝油，乡民无从实行。鸡瘟可以打针，立见效应，惟每针须洋三角，而定县一带，每鸡只值两毛。中国猪与美国特种猪所产小猪，肥大而肉鲜美，但乡人养猪，只在得其粪肥，猪大后食量太大，亏折太巨，故未大即行杀卖！”（这并非定县一县如此，实际上中国大部是如此！）

“驱除螟虫，在晚间点除虫灯，可使螟虫集中灯火处，下落水中而死，但须各地同时举行驱除，否则一家点灯，数里内之螟虫俱至，扑杀虽多，而田中稻禾亦被毁尽！各地同时举行，每十亩至少须备一灯，一灯需价一元左右，农民便无力购置！”

“识字运动，农民经三月之成人数育，皆可写信，记账，看报；但一年后复往调查，则依然目不识丁！盖终日劳作犹虞不得温饱，自无暇复习读书，写信记账，既无需要，报纸更无相当者可看，一经周年，完全遗忘！”

诸君！“农业改良啊！”“平民教育啊！”除掉名流们会到处演讲提倡，大出风头，留学博士们会大吹大擂，宣传其外国学来的新法，最后做到了什么民众教育院院长，农村改良委员会委员长外，对于筋疲力尽的农工，简直没有分毫影响！有的，就是剥削者用了这种假面具，可以格外加紧剥削，要杀猩猩先问有几斗血，剥削阶级要惯这套把戏的！诸君，教育啊，改良啊，要不是被压迫的民众起来握得政权，他们决不能从统治者的手中，夺还被过度剥削的劳力的代价，而以之改良生产技术，并澈底增高平民教育设施的！

诸君，从上面的讨论中，我们已经看到解决现社会的不平和矛盾的根本而澈底的办法是什么？同时我们又很明显地发觉到自己平时的思想是怎样背叛了这根本而澈底的办法，走向动摇的，改良的，不澈底的路上！

诸君，这种游移的改良的思想，并不是因你的脑筋根本生的糊涂的原故，这正是你的经济背境［景］的必然的反应！因为每一个人的意志，感情，思考方法，以至人生观等等，都被决定于他的社会的“存在条件”，所以我们的整个的思想并不是适应农工的物质环境，倒是把农工意想成我们自己一样。我们是小资产阶级中的智识分子，我们是受着剥削，但并非绝对的像工农们受着过度的剥削而尝着非人的生活，我们不无上升而为统治者的机会——最典型的道路就是由中学而大学而留学而博士而做官，所以我们的思想必然染改良的彩色，——希望统治者宠赐宏恩，上下一心，徐图改良，——而决不意识到农工们在他们的现实的经济条件之下绝无解放之可能！

唯因这样，所以我们的一切意识都只以保有自己为中心，动摇于剥削阶级，与无产阶级之间！

当我们自己因受经济的压迫而不得不至失学的当儿，我们就痛心疾首于现社会的不平，苛刻，同情于贫苦的人，甚至愤恨有钱的人；我们会立誓革命。但若一旦有人资助我们读书，或者一旦我们的经济又舒裕了，以前所有一切为劳苦大众争斗的意念完全抛入九霄云外，博士的学位的幻想立刻充满我们的头脑，懒洋洋地沉迷于现实的安静的生活里，没有半分反抗的气息了！尤其卑耻的，我们明明一切都只为着自己，而还要满口的“学术救国”，“革命的基础在高深的学问”！事实上你所学的，离劳苦大众迫切的需求不知有几万里！

当我们看到报上记载着西北灾民人相食的惨状时，或者亲眼看到街头屋角站立着过路的难民，口中惨呼着“要买小孩子”的时候，或者我们看到黄包车夫路毙的时候，我们一定会怦然心动，大发恻隐之心，深深的怜悯他们悲惨的境遇！可是当我们听到某某富豪被劫，事主被杀的惨状时，或当我们看到绑赴法场的刑犯时，我们也会无条件的同情于富豪，愤恨刑徒。我们决不再想到富豪们杀人不见血的铁蹄下匐匍着多少无名的白骨，富豪的每一件财产都印着贫民的血迹，我们决不再想到被处决的刑犯家中正冻饿着龙钟的老亲，一大群垂死的小孩，他绝食了几天才走着这条末路！是现代社会的不平迫着他走这末路！诸君，便是你现在看到我这样的陈述时，也许还要骂我说得太偏激。但是诸君啊！社会上那一件惨案的背后不隐藏着剥削阶级的魔脸！诸君，除非到你自己沦入不平的地狱中时，你是不会相信的！

即使我们是刚强的革命分子，即使我们是抱着殉道精神的斗士，以我们所享受惯的物质生活，统治者只要稍施摧残，我们便受不住而要立地投降了！诸君，当五卅，五三的时候，你不是曾疾首痛恨帝国主义者的凶暴么？你不是曾痛哭流涕而奔走呼号么？但当革命的高潮一过之后，你不是也曾受着亲长们严厉的训诲，学校学局郑重的告诫——从指责青年运动为盲目冲动起，至勉励子弟努力求学以力学图富国强兵止——而怀疑过去的思想反悔过去的行为么？诸君，我们是如何脆弱的一只小鸡啊！我们随时随地可以被旧时代的人物所麻醉！这还不算，假使诸君一旦因参加革命运动而被学校所开除，或被当局所拘禁，那时候，你能敌得住同学们的讥笑，亲长们的训责么？你能忍受铁窗生活的痛苦，吸一分钟牢狱里污浊的空气么？到那时，你会不由自主地悔恨了！屈服了！诸君，我们是如何可耻可怜的一只脆弱的小鸡啊！

诸君，看到此地，请你静下心来，仔细的辨认自己的面目，并把过去现在的一切仔细想一下，想想自己的意识形态是如何卑劣，可耻！

四

根据以上的分析，我们的前程必然的只有两条大路：一条是只顾着个人的幸福，求自己地位的增高，享受的加优；乞食剥削阶级残余，拼命上冲。其结果，命运好的做了统治者得意的鹰犬，命运不好的沦在经济压迫，家室牵累之下，做了一个懦弱可怜的时代屈伏者！一条是投向劳苦大众的阵营，站在他们的利益上，始终的反抗，始终的争斗，以根源上推倒现社会制度，建立起新世界的基础！

现在有许多大学教授，以前不都是贫寒子弟么？诸君，假使经济上允许你的语，你不是想毕业后继续读书，升入大学，再想法出国么？这不但是一般人所称赞敬仰的，并且似乎是最高尚的！留学回国后怎样呢？依你们想来，留学回国后自己在社会上的地位很高，只要有主张，什么主张不能贯澈！留学回国后，学业已有了很好的成就，只要有机会，什么事业没有成就！诸君，不要说空话！我们看看现在的留学生罢！出去要一会骗一个头衔回来混饭的搁开不说，（其实是占大多数！）真正有些硕学之士，放着一肚子学问没有地方用，一切的事业都被统治者把握着，你要作为先得仰他的鼻息！终于除掉大学教授以外没有别的事做，结果顶多只能造就几个大学生，（资产阶级及极少数小资产阶级的子弟）白白的糜费劳苦大众汗血积成的教育经费，一些利益也没有。同时，唯因地位一高，所以到处顾忌，什么话也不敢说，除非是歌功颂德恭维统治者的！那时候，你的生活程度也因地位的关系而不得不增高，家庭社会一切人们都把你另眼相看，每月没有几百元的收入，便不能维持，身份愈高，实际上离民众愈远，不是随着统治者做傀儡，便只有安分守己做废人！诸君，你任何时试到农工间去问问他们对于这种最高级的智识分子的影响，他们除掉回答你说“穿洋装吃大菜坐汽车像个外国人”而外没有别的话！诸君，这是自然而然的跑上第一条路了！况且，全国的中学生约有十五万人（民国十四至十五年调查报告），能进大学的有几个，能留学的更有几个？

其次，现在各级政府各级党部的高级职员，不大多是从寒苦中奋斗出来的么？这不是你次一步的期望么？假使经济上不能永许你升学留学，同时适有机会可以让你活动的时候，你不是很愿意跑上这条路去么？你不是常看到穿着洋装的青年佩着亮晶晶的证章，而不能自抑地羡慕么？你不是曾参加过市民大会，听到党部或政府的小领袖们痛快流利的演辞，博得群众雷一般的掌声，而心向往之么？“啊！啊！他们都是多年啊！有为者亦若是！”诸君，这种思想有意无意地常占领着你的脑海，是不是？不过，诸君，假使你循着这个方向去追求，有许多不可避免的事实便会在你的未来发生：第一，必然的你会受着小资产阶级名利虚荣观念的鼓励，结合一般和你相同的青年，纵横捭阖，包辨选举，操纵权利；表面上说得怪漂亮，“为工农的利益而团秸，为革命的前途而奋斗！”实际上无疑地只求地位的增高，权力的增大；天天在干着欺骗工农压迫工农，并且出卖自己的人格的勾当！第二，必然的你会觉得单靠团结几个同样的青年还不够，要做事还得利用要人们来翼护，于是你就可拣你所可能接近的统治者，毫不犹预［豫］地投向他宝座之下，从此得意扬扬的做鹰犬。第三，假使你的才力不大，手段不高，不能拉到若干“忠实同志”，更不能得要人们的青眼，那么你必然的常常感到生活的辛辣，感到无限的失意，弱一些的人便心灰意懒，强一些的人勾结起一般同样的失意分子再图上冲！到那时，明明你过着资产阶级的生活，你仍还觉得不满，因为还有人比你更舒服；到那时，什么农工的苦痛，什么社会的澈底改革都只成了你常常装点门面的口头禅。诸君，假使你循着这个方向去追求，你也自然而然的走上第一条路了！

再次，若是你的爸爸或哥哥简直没有钱供给你读书了，同时又没有人能提携你，钻进机关里去吃现成饭，那么唯一的出路，除掉去当一个寒酸的小学教员外，便是恳求亲戚故旧设法介绍到厂里或店里去做伙计了！这是现代青年最悲惨的也是最平常的境遇！于是你只有永远垂头丧气的过度你所认为命中注定的苦痛生活。没有结婚的时候，父母一天到晚愁颜相对，他们希望你步步高升，希望你分红得利，可以成家立业，积些钱讨一房好媳妇。而事实上偏巧相反，不但在现在这种时世，分红是一无希塑，而且一年两年三年，小伙计仍是小伙计！结婚以后，更加上妻子的整日缠扰，衣食不足，债台高筑，你一定筋疲力尽，被生活压迫到气也透不出了！但是到那时，你虽是受着极重的压迫，也决不能有一些反抗的精神！你只会愤恨工人罢工，农人抗租，因为他们不但扰乱治安，尤其是直接打击你们厂家的出产，或商家的营业，使你们没有红利可分；你决不会觉到工农们忍受更重的剥削，你决不会觉悟到要解除自己的苦痛，只有站到革命的劳苦大众里去共同努力，要图解放只有澈底的推倒现社会制度！诸君，到那时你要是没有勇气反抗的话，（一定是没勇气的！因为，你假使稍露反抗的意志时，你的主人立刻会发觉，立刻会拿“辞退”两字威吓你！而且到那时，你又怎能抵敌父母严厉的训责，妻子婉转的哀求呢？）你也是不由自主的被环境迫上第一条路了！

诸君，这样的前程是不是你所希望的呢？！

诸君，在资产阶级与无产阶级的对立愈趋明显，帝国主义的内在的矛盾日益尖锐化的今日，历史已明示我们小资产阶级必然的没落！在资本主义国本国内，还有极少数极少数升而为资产阶级，在国际次殖民地的中国，大多数人都忍受着两重榨取，整个的受着帝国主义者的支配，民族资产阶级以自己薄弱的资力不能自存，还不得不投降帝国主义者，做了他们的工具，依附着它冀得分润一杯血羹汤；小资产阶级简直只有没落别无他途！诸君，就是你委曲求全向旧社会制度妥洽，向帝国主义者求怜，就是你忍痛忍辱努力奋斗着自己的前途，期望着自己的未来的天堂，你的命运也不一定比一般人好些！诸君，无知的村妇至诚的焚香跪祝，求菩萨引渡西土，而乡间垒垒的荒冢，被野兽破坏，从薄皮棺材里衔出去的食物，就正是他们的尸骨。诸君，尽管你是加倍的安分加倍的忠诚，你的命运不见得比一般人好些！

诸君，剥削阶级加紧的榨取劳苦大众，帝国主义者加紧的压迫弱小民族，同时就造成了自己的坟墓，训练起消灭他们自己的军队。显然的资本主义已到了风烛残年，显然的新社会基础快要筑成了！劳苦大众的阵容愈受压迫愈见巩固，愈受摧残愈见坚强，他们从无穷的苦楚中觉悟到唯一的出路，他们从不断的争斗中认识了革命的意义！直率而热诚的无产大众已担当起革命的主力，他们欢迎小资产阶级一起携手前进，同时也禁戒着小资产阶级的投降妥洽。诸君，全世界纷起着反帝国主义的斗争，印度朝鲜安南等等的被压迫大众已在积极的反抗；资本主义解决不了的矛盾一天天扩大而严重，美英日德普遍的金融恐慌普遍的工人失业，击起了他们无产阶级的战鼓；中国各地反封建剥削，及反资本主义剥削的工农联军正在广遍的动员，新的时代便在前面了！

诸君，你究向那条路走去？！

五

在现代革命中，诸君，我们小资产阶级的智识分子确有相当的使命，但决不是智识分子能够发动一切革命运动，独力完成一切革命运动；倒只是革命军中的一支别动队。智识分子发动革命指使革命的时代已经过去了。现时代虽是从过去的时代蜕化出来的，但现时代绝不是过去的时代。历史的发展是辩证法的，现在发动革命完成革命的使命客观地已由无产阶级担当起来！

我们是智识分子，我们领受着社会的特殊赐与的，一般劳苦大众所不能得到的“智识”，它赐给我们以科学的头脑，使我们容易感觉到压迫的苦痛，使我们容易寻求到真理的所在！假使我们能够认清了革命的立场，能够站在革命的立场上英勇的前进，那我们一定是一支异军特起的别动队，能够直接间接予主力军以绝大的助力，使新时代的婴孩迅速地产生！

至于我们所应负的使命究竟是什么？我们的出路又是什么？作者用不着在此地再浪费许多篇幅，琐琐复述！我相信诸君从以上各节里早已能体验出来！我所要说的还是诸君现刻所必须有的努力！

第一，我们必得克服小资产阶级的意识：我们是无法违避的一个小资产阶级。要谋解除自己的苦痛必从整个的社会制度的推倒入手，可是要谋负担这种革命的使命，必得克服自己所有一切个人主义的意识，方能保证自己不趋入妥洽，改良的歧途，这是我们已三番四复地辩明的了！我们要克服这种卑劣的小资产阶级的意识，主观的条件固是长时间的修养训练，客视的条件尤须重视！我们必须时时刻刻接近农工，深入农工群众里，从他们的实际生活上体验出革命的需求！同时，我们必得把自己的安舒生活根本抛弃，习惯于劳动化的生活。否则坐在洋楼上喊革命，就是小资产阶级最典型的卑劣的反动的行径！

第二，我们必得坚定自己的信仰：我们要深切地认识到历史的变革，（自然的演化，思维的发展也是如此。）必先确切把握着唯物辩证法的方法。（注）把握住这种方法以后，我们才能从瞬刻万变的社会中认识它现阶段的特质，从整个的关联中认识它主要的矛盾的所在，而求得唯一的出路；把握着这种方法以后，我们才能了解自己所站立的地位，自己所应走的道路；也要把握着这种方法以后，我们才不至为一切投机改良的思想所摇撼，我们才能排除一切欺骗麻醉而走向革命的程途！

第三，我们必得随时随地从根本上反抗旧的社会的桎梏：这是革命青年唯一的表率，也是他一种最重要的训练！诸君，现代社会中充着一切旧时代的桎梏，现代思想界更充满着一切变相的旧东西，稍不留意便堕入它的网里！对于所有的一切旧的制度旧的思想，我们只有毫不留情地从根源上给他以致命的攻击，握起了现实的利刃砍尽它的一切迷惑，诸君，革命是新生产力解除旧桎梏的一个必然的变革，也就是革命者继续不断的反抗以摧毁旧桎梏的一段努力！只有继续不断的反抗才能澈底表现革命精神，完成革命事业，调和妥洽决不是革命。我们也只有在实际反抗的行动中才能克服小资产阶级意识！

诸君，革命的过程中说不定要使你违背家庭反叛学校，因为现社会下大多数的家庭学校都是旧时代的遗老，旧桎梏的维护者。劬劳的父母固然是生我养我，学校固然是教育我的，但我们应得知道劳苦大众所供给我们的更是不可计量。假使父母或学校而成为旧桎梏的维护者，他们客观地站立着反动者的地位，我们除掉克服了自己的一切感情，纯以整个社会变革为前提予以严重之攻击外，别无他法！诸君，假使我们革命的意志敌不住父母感动的劝告，学校婉转动听而实际上只是麻醉我们的训辞时，我们最好睡在娘肚里不要出来。否则，你又要革命又不敢革命，必然走上反革命的道路！

诸君，每页历史上都染着斑斑血迹，那便是革命者唯一的纪念！诸君，凡是首先反抗的人往往遭遇惨酷的处境，遭遇毁灭的结果，排列在他们生命之史上的只是些“生活的压迫”“生命的危险”。但是他们都确已完成了他所负的使命，获得了人生的真实意义，他们是快乐的，一直到永远！尽管统治者对他们的摧残与压迫如何的惨酷如何的残忍，最后的胜利必不可免的属于他们！尽管革命的程途是如何的曲折如何的艰险，最后的光荣总是临于最英勇的斗士身上！

诸君，我们现在正度着黄金色的青年时期，我们已经观察到社会而被社会的羁缚还不深，一到了中年便会不可避免地卷入反动的阵营去了！到那时你不愿意做牛马或鹰犬也不行了！诸君，时代的洪流是瞬刻千里的前进着，它决不为等待你而稍些停留一下！

不要彷徨啊不要徘徊；

朋友，只有坚猛刚毅的向着革命的程途前迈！

（注）关于唯物辩证法，可看李达译现代世界观或李铁声译辩证法的唯物论。本刊在第五期或将有一篇唯物辩证法浅说介绍给诸君。

（原载《现代中学生》1930年第1卷第3期）

李得钊

李得钊（1906-1936），又名德照、德昭，化名林子明，浙江永嘉人，中共党员。1925年3月加入中国社会主义青年团，同年12月被派往莫斯科东方大学学习，不久转为中共党员。1927年2月回国，受共产国际和中共中央的委派在广州、武汉、南昌等地为东方大学招收学员。1928年在团中央工作，编辑《红旗》杂志。1930年调中共中央特科秘书处工作。1933年在中共中央特科总务部、上海中央局工作。1934年6月因中共上海中央局机关遭破坏被捕，解来南京，1936年牺牲于狱中。

一九二七年中国革命的回顾和前瞻

（1928年1月13日）

一九二七年是中国历史上阶级争斗空前激剧的一页。

自从上年秋间广东北伐军出师以来，赖工农群众的援助，数月之间，北克湘鄂，东下闽赣，到今年春又取得江浙，打倒了整个的直系军阀，革命潮流极澎湃汹涌之至，各地的工农运动更以一日千里之势向前发展，在工人运动方面，最可注意的是：素称为“中国无产阶级之花”的上海工人，已几次由总罢工进而为直接的武装暴动，得到胜利；武汉九江的工人也以徒手的力量夺回英租界，农民运动方面，湖南的农民已开始做打倒地主豪绅的工作，自动地提出土地问题，几乎摧毁了中国社会数千年遗留下来的封建基础。帝国主义对此怒涛般的革命势力是只有惊惶失措。

“愈到东方，资产阶级则愈弱”，列宁同志这句话确是至理名言。中国资产阶级虽受帝国主义和军阀压迫，因而有了一点革命要求；但同时工人运动的勃兴，对他是一个更大的隐忧，这使他宁可和帝国主义及军阀妥协。于是革命的联合战线内起分化了，四月十二日蒋介石在上海屠杀工人，是中国资产阶级公开宣布退出革命的第一回。

这时在武汉政府里以汪精卫为中心的代表小资产阶级和资产阶级的所谓国民党“左派”领袖，尚因种种的关系，和苏联及共产党合作，表示反对蒋介石的东南政府。可是东南方面的经济封锁政策，和帝国主义者武力的威吓，慢慢的把这些领袖们屈服了。同时两湖的地主豪绅阶级在积极准备向工农运动反攻。五月间正当唐生智军深入豫省之际，突然发现夏斗寅的叛变，紧接着湖南也发生同样反革命的政变，到处屠杀工农和共产党员。武汉的“左派”领袖便也非难起工农运动来。郑州会议后，冯玉祥唐生智等相继叛变，武汉就成为反革命的营垒了。终于在七月间，中国共产党和共产青年团宣言退出国民政府。从此国民党断绝了他的生机，完全变成资产阶级地主豪绅对工农施行其白色恐怖的工具。资产阶级在革命中的作用是完了，他留下完成民主革命的任务，落在无产阶级的肩上。中国无产阶级的历史使命是何等艰巨呵！

八月一日，霹雳一声，叶贺军队起义于南昌，引起了全世界的注意。这支军队如能取得广东，对于工农运动自然是一个助力，但因为犯了政治上和军事上的错误，不幸又在潮汕失败了。同时，两湖的农民暴动也未见胜利，革命运动至此又受了一个挫折。

当各阶级由暗斗进于明争，革命的联合战线开始破裂时，政权必然的要转移到某一阶级去——或者转到工农阶级的手里，或者转到资产阶级和地主的手里。一九二七年中国工农阶级未能取得政权，是有他客观上和主观上的原因的。我们若把今年中国的革命环境和一九一七年的俄国两相比较，便可了然了。首先，一九一七年欧洲帝国主义国家正惫于大战，国内发生政治经济的危机，再无力东顾；而今年则帝国主义的统治比较稳定，在欧洲竭力企图包围苏联，在中国则直接派兵干涉。第二，中国无产阶级在争斗中固然是很英勇的，但数量上比起全人口来似嫌太少。一九一七年的俄国平均每三十个人中有一个是工人；而中国现在则每一百个人中还不到一个工人。第三，那时俄国的工农已有很强固的布尔塞维克党指导他们，而中国共产党则尚很幼稚，尤其没有自己的列宁，在指导上发生了严重的机会主义的错误。自然，我们不能过于机械的去了解问题，但马克思主义者当不会否认这些是中国革命的困难点。

一九二七年来中国革命环境虽不及俄国的一九一七年，但若比之一九零五的俄国革命，说是也要经过一个长时期的反动，那却是绝大的错误。要知道中国革命一方面有他的困难点，另一方面也有他的优点。就国际情形说来，一九零五年统治着全世界的是整个的资本主义制度，资本主义尚在有机的时期；现在则地球上六分之一的土地已经是社会主义的国家——苏联，帝国主义经过大战的巨创剧痛，已到了衰落的时期，虽然目下暂时稳定，但是他们本国无产阶级，正因暂时稳定，对于工人的进攻正在酝酿极大的争斗，使他们不能有充分的力量帮助中国资产阶级发展资本主义。就国内情形说来，俄国当时本身就是一个帝国主义国家，他有巩固和统一的沙皇政府；而中国则是国际帝国主义互相角逐的殖民地，资产阶级谈不上统一中国，新旧军阀仍回复到以前混战的状态，工农运动比较易于发展。再则，苏联的存在，便证明资本主义之必要灭亡和世界无产阶级之必要胜利。

根据以上这些条件，中国革命的前途仍旧是很可乐观的。在事实上，近几个月来国民党这具尸体内部的溃烂，宜兴无锡等处农民暴动的发展，上海工潮的澎湃，特别是最近广东的工农群众武装暴动，夺取广州的政权，建立了第一个苏维埃政府（虽然未能持久），使一切反革命派——帝国主义，军阀，资本家和地主发抖，促起反动政府对苏联绝交：足以证明革命运动并未消沉下去，而是发展到一个新的阶段。在共产党和青年团正确的指导之下，经过继续不断的艰苦的斗争，工农阶级终要得到最后的胜利。

一九二七，十二，十九日。

（原载《无产青年》1928年第3期）

中国革命的社会主义前途

（1928年10月22日）

中国革命前途问题是一个很重要的问题，这问题为许多人不了解，也不愿意了解。国民党的新旧理论家——豪绅资产阶级的代言人，从吴稚辉到陈公博等都是一样的不懂得，也不愿意懂中国革命有转变到社会主义革命之可能。吴稚辉说：现在是国民革命时期，你们共产党人请等待三百年，然后再来实行无产阶级革命，我们无政府党则等待三千年，然后实行无政府主义的革命；假使共产党人现在硬要提倡无产阶级革命，那一定是急色儿欲速则不达！陈公博等说：中国的产业如此落后，一切大企业都在外人手中，民族资产阶级尚未形成，同时工人阶级的数量也非常微小，所以中国革命必然是工农小资产阶级联盟，真正三民主义的国民革命，而不会有所谓无产阶级的社会主义革命。

共产主义者最注重客观的事实，他们不是空想家，想在绝对不可能的情形下去建设他的空中楼阁。只有共产主义者才正确的认识中国革命的现阶段性质，还是资产阶级性的民权主义革命，因为目前革命的主要任务是：（一）彻底反对帝国主义，推翻帝国主义在华的统治势力；和（二）坚决地进行土地革命，解放数万万受最残酷剥削的农民，以摧毁封建制度的基础。但同时认为这种资产阶级性的民权革命，在发展到较高的阶段时，有转变为社会主义革命之充分的可能性。

因有以下的几个客观条件：

第一，中国革命的特性之一，在资产阶级民权革命的阶段中，革命的动力已只有无产阶级和农民。当革命刚开始发展，资产阶级尚相当地参加反帝国主义运动的时候（即国共两党合作，国民党还是各阶级政治联盟的形式时），资产阶级曾经是革命动力之一。可是中国资产阶级是太懦弱得可怜了，曾几何时，他便背叛革命，无耻地投向帝国主义的□中去。革命的阵营中只留下无产阶级和农民。而今后革命的胜利，将以无产阶级领导农民坚决地反对资产阶级，推翻豪绅资产阶级的政权为前提。这种以无产阶级作领导的工农革命的胜利，是为社会主义开辟道路，是经过的一个桥梁，决不是为发展资本主义的经济，自己给自己造锁练［链］，这是中国革命转变成社会主义的骨干。

第二，工农苏维埃是中国革命的政权形式，伟大的广州暴动，事实上已开中国苏维埃革命的新纪元。这种政权当然还是工农民主独裁制。但它以无产阶级为领导，这种政权形式最易转向无产阶级独裁，就是最易转向社会主义。

第三，现在是世界社会主义革命已经开始了的时期，殖民地一切民权主义革命运动，都是构成世界革命的一部分，因他是削弱帝国主义的统治权的，中国革命当然不能例外。同时，世界革命的新时期已经来到；资本主义经济的危机，都将给中国革命以有利的形势。而无产阶级胜利了的国家——苏联，对于中国革命的有力的援助，尤足保证革命的社会主义前途之实现。

临了，再引列宁同志的一段话作为结果："现在为图谋解放自己殖民地国家，国民经济的资本主义的发展是不可能的了，这是确切的结论。取得胜利的无产阶级去进行有系统的宣传，用各种方法去帮助他们，那么，殖民地国家也不必经过资本主义的发展阶段了……越渡一定的阶段，便可到达社会主义"。

一九二八，十，十四日

（原载《列宁青年》1928年第1卷第1期）

苏联共产青年团的概况

（1928年11月）

苏联共产青年团是少年国际中最先进步最有经验的队伍。在十月革命时，共产青年团帮助共产党战胜反革命，保障革命的胜利；革命后更帮助党从事于经济上和文化上的建设，得到很大的成功。他过去的英勇的斗争，和现时在各方面工作的情形，都是我们所应该知道的。兹述其概要如下。

（一）团的略史

俄国青年运动开始成为独立的运动是在一九一七年。那时在革命的高潮中列宁格勒和莫斯科都产生了青年工人的组织。列宁格勒的组织称为社会主义青年团，莫斯科的则简单称为青年团，直接隶属于该地的共产党党部。同时其他的城市中也产生和这些相似的组织。

一九一八年开团的第一次大会，将分散在各地的组织统一起来。大会上通过团的政治纲领，并定名为俄国共产主义青年团。后来第六次大会改称俄国列宁主义共产青年团。第七次大会又改称苏联列宁主义共产青年团。

团员的数量发展得非常之快。一九一八年第一次大会时为二二，〇〇〇人；一九二〇年第三次大会便有四八〇，〇〇〇人；一九二六年第七次大会达一，七〇〇，〇〇〇人，现在已达二，一〇〇，〇〇〇人左右。

从一九一八年起团的一切历史便是和党共同巩固十月革命的胜利之历史。内战时期中团动员他所有的力量到前线去，到军事学校里去，以及和土匪奋斗，和食粮的缺乏奋斗等等。内战终止后，团转而注重经济和文化的工作。

在十年来历史发展的过程中，团不是完全没有遇到困难的，团内曾经发生各种错误的倾向：最初发生的便是取消主义，主张团绝对不参加政治斗争，而专做文化工作；一九二〇年到一九二一年团内又剧烈地争论团的行动是否完全独立抑应受党的指导之问题（先锋主义的倾向）。以后不久又发生团对农民青年关系问题的辩论。可是因为团平时对于团员的政治教育十分注意，所以每次困难的问题来时，团都采取了正确的政治路线，以直到现在。

（二）团的组织原则

苏联共产青年团是青年无产阶级的战斗组织。但在组织上和实际工作中，他采取极广泛的民主化，尽量利用同志自动地去为无产阶级国家的利益而工作，广大的团员群众都有实际参加各部工作之可能。民主化的事实表现，首先便是团的指导机关，从支部干事直到中央委员会，都完全由选举而成。这些指导机关须时常对团员群众做工作情形的报告。在支部中民主化的精神更为充分，现在支部中最普遍的口号便是“不要使一个团员没有工作”！支部设法将一切工作平均分配给一班同志，而不由干事会自己去包办。这样才能造成新的干部人才，直接送给党工作。

然而终因为团是阶级的战斗组织，因为他曾经直接保持并发展十月革命的胜利，做党的忠实的战友，他一面虽是民主化，一面仍非有严密的纪律和集中的组织不可。所以下级机关必须服从上级机关；各地的团部须和党部发生密切的关系；团的中央在政治上须直接服从党的中央。

（三）团的工作

上面已经说过，苏联共产青年团是无产阶级的阶级组织，因此他的领导作用属于青年工人——他们是团的主要核心。不过团的构成的社会成分却不是这样简单。现在团员之中最占多数已是青年农民，此外如职员和学生亦有相当的数目。在总共一八〇〇，〇〇〇团员中，工人占百分之三十五点三，雇农占百分之七点七，农民占百分之四七点九，其他分子占百分之十点一。往后团内青年农民还要继续和青年工人同时增加。所以按照他的社会成分，团实际上是工农的组织。但这个决不会妨碍团执行其无产阶级的政策及其为阶级的组织。唯一的保证便是无产阶级的政党——苏联共产党对团的正确的指导，这种指导不单是一般政治上的，而且是关于实际工作方面的。因此每个党部和团部都经过代表而发生相互的关系。党部经常地听团部的报告。并且在党的决议案上都有关于团的工作问题的详细规定。党的支部会上，省委会上，以至全国大会上都要讨论团的问题。

团的领导作用属于青年工人，是用两种主要的方法去达到的：

第一，团以最大的努力去吸收青年工人。团曾经决定吸收百分之百的青年工人到团里来为自己最重要的政治任务。虽然这个决议目下尚未完成（暂时还只取得百分之五十五的青工），但经后几年团内青年工人无疑地是要不断增加的。

第二，在各级团部指导机关进行选举时，团尽力设法推动勇敢而积极的青工同志进去，以健其指导。

团在乡村中也采取同样的政策。他特别注意雇农的青年，吸收他们都到团里来，组织他们在工会中，防止他们受富农的剥削，教育他们认识文字，并藉此扩大自己在他们中间的影响。

但如果以为团把青年工人和雇农青年放在第一位，而忘记了一般的青年农民，那又将是绝大的错误，在实际工作中团没有一分钟忽视过二万五千万的青年农民。青年农民加入团也和青工一样，是没有候补期的，不过为使农民分子不至一下子加入太多，所以只能渐渐地把他们中间较好的分子收入。自然，富农的子弟是被拒绝加入的。

对于职员及学生分子要比较严格一点。团只能容许那些在工作中证明真能忠于苏维埃政权，并明白团的章程者加入，但亦要候补期。

以下分述团在各方面的工作。

团在苏维埃中的工作。苏联共产青年团常推动团员——大都是工农分子，去积极参加苏维埃政权，这个可于改选苏维埃时见之。那时团在青年群众中进行宣传的工作，提出关于青年利益的具体问题，选举积极的分子到政府中去等等。被选举的团员参加苏维埃的实际工作，而与团员（选举者）仍照常保持关系，并在支部中报告其工作。

团也参加苏维埃政府其他部分的工作，而于教育人民委员会及其他地方机关尤为积极。团帮助教育机关进行应做的事，贡献自己和群众接触所得的经验。

苏联的工厂作坊学校是由团开始创造的。这种学校连贯理论的教育和工作的技术，造就许多既知道使用机器而又了解政治常识的熟练工人，对于工业的发展有关莫大的助力。最初也曾有人忽视这种学校的重大意义而加以反对，但这种学校终于一天天发展，到现在总共已有三百五十所，学生共十万人。

团又尽力去谋得团员在高级学校或其他学校中求学的机〈会〉。现在已有百分之二十五的团员在高级学校中求学。

此外团对于人民卫生委员会的工作及救济残疾者的工作，也很积极参加。

再则在现在苏维埃政府中，与党共同反对官僚主义，也是团的一个主要任务。

团的经济斗争工作及与工会的关系。团对于改善青年工人的劳动条件及一般的经济状况，做极广大的工作。这种工作常与工会共同进行。团有在工会中的代表团，藉以发生互相的关系；这些代表也常担任工会执行机关的职务。在工会的下级机关中工作的团员更非常之多，数目达九万人。然而团的参加工会工作尚不限于指导人员，现时团的主要任务是要所有的团员都去参加工会工作。团的责任将更繁重了。

团特别注意与工会一同去改良青年工人的生活，如救济失业，为青工的劳动保险而奋斗等。在有些城市之中，团也为失业的青年组织“家庭工社”之类的东西，以资救济。

在现时情形中一件很有意义的事，便是团员的生产教育。此种教育由团的支部去实际参加某个厂中的工作与生活，同时须在支部中提出关于工厂的工作，对技师的关系，苏联工业的性质等问题来讨论。

团内教育工作及出版物。因为现在已有两百多万团员，团对于政治教育就非常注意。只有团内正确的教育工作，团才能尽其为党的后备军的作用。并且一切工作之好否，都由团员的教育程度去决定。

团员的政治教育可分外部与内部两方面。有许多团员不在团的组织以内，而在党，工会及协作社里头，团员便在这些组织中受政治教育。再则一部分在学校和军队中的团员，也自有他们学政治教育的机会。

至于内部的教育工作，按照团员程度之不同，又有几种形式：如单级和两级的学校或训练班，以及列宁主义的训练班等。目前他的缺点是缺乏有才能的指导人才，以致成绩太差。团的中央现正设法提高此种教育工作之质量上的成功。

在全苏联团的刊物有二十八种，消数达三十万份。另外童子团的刊物也有十三种。中央还有自己出版部，供给团以必需的书报。

团在红军中的工作。团在红军中的组织原则稍有不同。为使团在军队中的工作和党及政治机关一致起见，团不另自组织独立的支部，而同党合组小组，这种小组不但须服从党部，并且要服从军队中的政治机关。目前在红军中工作的同志已有十万人。

在海军中工作的尤多，因团曾经好几次特别动员到海军中去之故。团在第五次大会上决定自己为苏维埃共和国红色海军的首领。团给海军的帮助是非常之大的。

此外，青年的红军兵士中间，常由团员去做政治教育工作。

团在乡村中的工作。团在乡村中的意义非常重大。农村中团的支部要超过党的支部两倍以上。所以像密网似地分布各处的支部及将近一百万的团员确实保证了团和一般农民，特别是青年农民之关系。团在乡村中是党与农民之间的一个主要桥梁。党所提出的政治口号，如扩大农村生产，提高农村文化程度、巩固工农的联合等，常由团去执行。在改选苏维埃的时期中，团更帮助党组织贫农去反对富农。

童子团运动。童子团组织产生仅有六七年之久，但已扩大到穷乡僻壤，人数达一百八十万。这是党和团教育后辈子弟以共产主义精神的最好方法。这里可知党团何等重视此问题了。

童子团由团的特别委员会指导，但党及工会亦可派代表参加。童子团组织单位是一样，凡教育，操练，娱乐等都在其中施行。夏天一到，大多数的童子团都到乡间去过野营生活。政治教育工作由团员担任。

（四）团的干部

要使团的一切工作能够正确地进行，非有团的干部人才不可。上面曾经说到，团的干部大都由无产阶级青年中提拔出来。若拿团的负责人员（省委，区委）的成份来看，那有百分之六十六都是工农分子，而且大部分是兼党的。在县委的干部中则有百分之七十五是工农分子，其中的百分之六十三是党员或候补党员。

团在农村中的干部要比较复杂。过去常常因缺乏干部或组织异常薄弱，团的支部很容易瓦解，但目下干部分子已渐渐造成了。譬如团的乡委书记已有百分之七十五是党员。支部干事会的成份则工人占百分之七点七，雇农占百分之九点一，农民占百分之七十六点八，及其他。乡村中干部的缺点是政治认识比较低浅。

以上所述，大都是苏联共产青年在经济上、特别是文化上建设的工作、与现时中国共产青年团的任务显然不同，但藉此可以大略知道苏联团的组织状况及其内部的生活，我想也不是无意义的。

附白：此篇根据俄文一九二七年的共产党日历。可惜的是我们找不到更新的材料。

（原载《列宁青年》1928年第1卷第3期）

孙晓梅

孙晓梅（1914–1943），女，又名萧曼，浙江富阳人，中共党员。1938年参加新四军。1940年9月加入中国共产党。1941年1月任中共镇丹县委妇女部长，7月任中共武进县委妇女部长。1943年任中共长江工委政治交通。1943年在南京龙潭被日本宪兵队逮捕，不久牺牲。

我做了女佣

（1938年5月5日）

“学校”，像一个媚人的少女，它能使若干人在它的怀里沉醉。

暂时地离开学校，使我已感到说不出的那个，永远没福在她怀里躺一下的人，是多么地痛苦和可怜呵！

为了使家庭的安逸，及稍分母亲的辛劳，我唯有牺牲自己的时间、学业，暂时替代了佣工的职务——她将分娩了。

世界上唯有工作者，才是伟大的，我总是这样自勉着，自慰着，而自傲着。

肉体上的疲劳，能使人深觉人生的有生趣；精神上的桎梏，才是使人趋向坟墓去的暗路。

农夫的生活，可说是备受劳瘁，但世界上自杀的农夫，极为少见。

知识阶级中的人，在肉体方面，可说是享受着“不亦乐乎”的惬意，但自杀的却在在皆是。

此理已在不言中矣！

皮黄骨瘦，弱不禁风的黛玉化的文人，虽他的才学深到了海底、高上了天空，但手无缚鸡之力，在这“哼哼，哈哈”得势的世界——虽未实现于目前，最后总归是进到这个阶段——你除被一般皮色黧黑的健康者讥笑外，只有躲到冷庙角里去捉跳蚤。

老者已矣！年少者应赶紧自己训练起来，少爷小姐的立场，不久的将来，马上可见到它的崩溃。

（选自《孙晓梅日记》）

生活上的矛盾

（1938年5月7日）

整天都忙着，忙着家庭的琐事。“生活”好象有得生出来似的，只要你不偷懒，你想抽出一点空来吃吃饭，也象煞是感到困难。

忙虽整天忙着，但内心并不感到苦闷，所觉得不耐烦的，是静不下心来看些书。

知识，是每个人精神上的粮食，尤其是青年，更应及时贮藏和准备；否则，你将永远会感到精神上的饥饿。

时间，对于年青人是多么的宝贵呵！更何况是在求学时的时间呢?

我为了这个，不免忧容于色。

母亲亦好象能觉察到个中情状，不时地安慰着我：

“读书固要紧，家事亦未始不重要，挨过了这个农忙期，你仍可以安心去读书了。”

我只默默地不说一句话，内心却在涌着“恐慌”和“感激”的怒潮。

我太自私了。

母亲的伟大，我只有深深地感到歉意。

有时间、有机会，而不要读书的人，是多么地愚蠢啊！我为他们惋惜，亦嫉妒他们。

人，好象是矛盾的结晶品，时间恐慌时，感到读书的需要；但一等时间富裕了，仍不肯好好地用一点功。

自己就是这矛盾的典型人物。

时间的匆促，使我紊乱的思潮无暇来整理，所以每天的日记，总是这样忙中偷闲的写成，意思的拉杂，是意中事，字迹的草率，连自己看了也有些害怕起来。

我深深地感到对于思想的分析及整理，太不迅速了。

我应怎样来训练自己的思想呢?

（选自《孙晓梅日记》）

任天石

任天石（1913—1948），又名启生，化名赵济民，江苏常熟人，中共党员。1932年8月考入上海中国医学院。抗战爆发后弃医从戎，组建常熟人民抗日自卫队，任副大队长、大队长。1939年加入中国共产党。1940年任中共常熟县委书记。1941年任江南行政委员会委员、江南第一行政督察专员公署专员兼常熟县县长。1943年任中共苏中区党委巡视员。1944年11月任中共苏中第六地委委员兼苏中行政委员会委员、苏中第六行政区专员公署专员。1946年9月任中共中央华中分局十地委常委兼社会部部长。1947年1月因华中十地委遭到破坏而暴露身份，在上海被捕，解来南京，1948年牺牲。

常熟县人民抗日自卫会的成立

（1940年8月31日）

各位代表：今天是常熟县人民抗日自卫会第一届代表大会日期，从此我们的筹备会工作可告一段落，照理大会应该早就召开，但是因为各项工作的没有布置完竣，以致迟迟延到今日，这次的大会，可说是有史以来所从未曾有，在此空前伟大的抗战时期中间，能召开代表大会，确是值得我们欣慰的。

今天天气这样热，各位都不怕天热，远道走来，忘却疲倦，这足以显示各位对本会有明确的认识，并已一致地承认它成立的客观上的需要，正在用一切的力量来负担起这个任务来。

今天的会议，有双重性的意义：（一）三年前的八一三沪战爆发，不久日军即深入，江南沦陷，人民生活痛苦万分，但到今天在常熟却召开了代表大会，是有很重大的意义。（二）民抗的诞生正在八月，到现在也已有二周年了。民抗在这抗战二年过程中，力量的日益庞大，活动区域的日益发展，到目前一般民众已经感不到沦陷区的痛苦，可以安居就业，这就是江抗民抗保护人民利益的明证。所以有此二种的纪念，对于自卫会在今天的成立是更显得意义重大。

首先现在简单的把这二月来筹备的经过，向各位报告一下：

第一、常熟自卫会的成立，是根据了东路的环境需要和老百姓的迫切要求而组织起来的，同时又参考了三年抗战的教训与经验，当时在东路的军政会议席上就决定，此后，首先由兄弟与李建模、薛惠民二同志发起号召，聘请各界的忠实同志与优秀领袖，组织一个筹备会，在六月六日举行第一次筹备会议，到的人数相当多，当时就决定了进行的方针，并明确的规定了它的性质与任务。第二次筹备会议，又决定了怎样选举怎样组织的方法，并规定各界代表的人数，以及如何扩大宣传，工作任务如何支配等。第三次筹备会议，就有了地区的确定，并修改了代表人数的增减问题，其次把选举的方法与规则订下。第四次席上，再把代表的人数作最后的决定，规定了代表的产生方法，同时又决定了工作纲领，召开大会的日期、会场的布置与议事程序等。由于上述四次会议的筹备，就产生了今日的大会，值此成立之期，对于过去的种种事情应该来个检讨：

我们在缺点方面，当然在所难免。因为我们都缺乏经验，又是这个民主政治还在初创时期。现在归纳出它的教训，大概有如下述：第一、为了缺少经验，以致在工作上缺乏系统与计划，成为零碎现象，结果成效甚微，一定不能使一般人满意，这是认为最大的缺点。第二、为了过去的社会历史关系，一般的老百姓对于民主二字，仍旧模糊得很，故对于工作的展开方面，感到许多困难，以致发展非常迟缓。第三、为了第一第二的关系，一切的预定工作，都不能按照计划进行，好比今天开大会，而还有缺席的人，这表示我们工作没有完美地成功。其他缺点还有，现在不过是举其荦荦大者而已。

但同时我们的优点，当然也有。根据现状观察，大致有下列几点：

第一、我们这次展开了广泛的民主运动之后，一般人民的文化政治水准提高了不少，而同时抗日的情绪也特别的高涨了起来，象昨天这样的大风雨，许多代表都冒着风雨到目的地来，足见各位已经明瞭［了］这次大会的意义与任务的重大。并且时常能够听到街头巷尾，都有人在谈谈关于民主的问题，可见已给老百姓一个深深的印象。

第二、我们在没有开始民主运动之前，各种的团体组织，并没有多大的发展，可是在这运动开始之后，他们就如雨后春笋般的蓬勃成长起来，此等现象，实足使我人感觉得欣奋，当然还很不够充实与巩固，今后更应加倍的努力。

第三、各种的团体组织，在二月前内部还非常薄弱，但经此运动后，各个团体中间人数激增，超出倍数，虽然他们或者还没全晓任务，但是能够参加，就足可认为进步的表现，而且各个县的单位，都已成立。统计商民有二百多人，工人有三千多，青年有五六百，自由职业一百多，教育界、农民三千左右，这许［些］数目，都是在民主运动开展中各个同志努力的成绩，虽然以整个人民总数比例起来，还相差很远，我想循此下去，将来是不难达到更大的胜利的。

其次我想把县自卫会成立的意义向各位介绍一下：

第一、我们先把这里战前与战后的情形来对比一下，在战前人民都还能安居乐业，战后呢？在敌人的奸淫虏［掳］掠，杀人放火下，使得民不聊生，而土匪的横征暴敛，荼毒人民，更使劫后的余生无路可走。由于人民的自觉，组织了强有力的部队，才把土匪肃清，使敌人不敢轻易再来乡下，在生活上亦可较为安定。自卫会的机构，就在这样情势下产生了。

第二、政府西迁，保护我们的国军远去。地方上的一切设施只有我们老百姓自己起来维持。但因为地域上的关系，既不利广大的部队流动，又不可能自动组织政府，为了要使自己获得生活上的改善，就只有起来组织群众团体性的机构，来督促与协助政府领导我们，这个自卫会便是根据三民主义中的民权主义来推进抗日的民主政治。

第三、自卫会过去为什么没有呢？因为过去的政府是对我们没有集会结社的自由的，一切的行动，都给压制下去，但是今天有江抗民抗的领导，完全不同了。我们可以说，假如没有江抗和民抗，就不会有自卫会的产生，因为江抗民抗也都是民众自己组织起来的。我们老百姓如果能依照了有力出力有钱出钱的原则去协助部队，合力同心，不顾任何牺牲，使他们扩大，那对我们的安全更有保障。的确，我们所以有今天的成绩，各界已尽了相当责任，特别是农工的直接参加部队与敌互相搏斗下，巩固我们的地区，才能发展今天自卫会的组织，那末自卫会在间接的意义上，他的产生，也就是老百姓所努力的成果了。

第四、敌人大规模侵略中国已有了三年，这三年中人民的痛苦可说已到了极点，但人民都深知只有抗日才是唯一的出路，要改善生活必须从抗日着手，所以象最近周杭桥的敌人烧杀，他们非但没有对抗日胜利表示动摇，相反增加了抗日的情绪，因为他们都知道，日本人在中国一天，就根本没有一天的安逸，除非打出了日本人，才能得到生活改善，所以自卫会的基本要求，就是改善生活，也就是要彻底抗日。

现在我想把自卫会的任务报告一下：（一）自卫会是根据了全体民众的需要来进行工作，关于人民各种生活方面的困难，谋得合理的解决。（二）今后根据各代表所决定的决议来进行工作，因为今天的各项提案，是全体民众在生活上所迫切需要的条件。（三）切实的执行工作纲领。

最后希望各位代表一本以往的精神，继续努力，回去之后，对于每个团体间的团结，应该巩固坚强并密切地联系起来，更应进一步的互相展开讨论研究，使得自卫会的组织，更加健全起来，其次是希望今后的工作更加的深入到农村每个角落，使一般民众都能深深地了解民主的意义与本身的关系，而展开有广大群众基础的民主宪政运动。使今天所产生的这个自卫会组织，一天天强大起来，达到民治民有民享的目的。

［附］：本文发表未经讲者审明如有遗误其责由本社记者负之。

（原载《江南》第2卷第10、11期合刊）

任天石

一年来的民抗

（1941年1月15日）

本来老早就想准备把民抗在常熟三年奋斗经过的详细情形，做篇总检讨。但时间上、工作上都不允许我坐下来动笔，这回我趁一九四一年的元旦之便，把一九四〇年一年中的民抗先来做个总结，该不是没有意义的事吧，不过只能说得简短而已。

我想现在把它分做几个阶段来写：主力部队西撤，到东路司令部成立为第一阶段；东路司令部成立后，到红五月是〈为〉第二阶段；红五月后成立自卫会，到今天为第三阶段。不过在第一个阶段中，不能包括在一九四〇年中的，因为它有连带性，所以也放在里边，以便大家讨论的参考。或者许多地方也能够给一般动摇不坚定的分子敲一下警钟，告诉他们“天下无难事，只怕有心人”的确是千真万确的。

一

一个晚上，突然接得江抗四路告急，忠义救国军集中全力向我进攻，为着抗战的前途，中华民族独立生存与自由，只能忍痛地把我们所有的力量也全部集中起来应付他们（详细情形请看《大众报》之“东路成立一周年纪念特刊”）。自从主力部队西撤，被顽固派阻止东进后，那时〈一个〉东路，混乱黑暗，罪恶迷漫。我们的武装部队既然集中西进，几个地方领袖及司令长官，为着体力的关系，同时平常没有和部队一起行走惯，尤其这次是长途行军而且要打仗，所以把他们全部留了下来，但却因此而造成了今天东路抗战大患的胡肇汉（当时也就是地方领袖之一），这般家伙大都是不明瞭抗战，把武装部队充作私人的财产，当作生产工具。部队跟随西进去了，好象带掉了它家产一样的难堪，破坏了它生产工具一样的不满意。有时候说不出，只能表现在面上；有时候，忍受不住了，发发牢骚，总是处心积虑拼命的想恢复过去常态，继续其“生财有道”！于是发展部队啦，扩大私人势力啦，拉拢徒子徒孙，恢复过去旧的关系啦，秘密的公开的进行破坏工作啦，一味梦想做个土皇帝，这样的人物，一共有七、八个。虽然部分的进步了，但多数是退步堕落得很，甚至反动与叛变。可怜在这些土皇帝刀下的民众，大家都感到敢怒而不敢言，甚至我们的同志，也看了他们的无法无天，大家都感到苦闷，想不出办法来应付，有时竟会做了他们的尾巴！

自己主观力量的薄弱，福山的仲炳炎，浒浦的吴天信，北新闸的高长思、鲁恒东，双凤直塘的罗大有、侯永良，支塘附近的乐三乐四，西乡的赵北，都蠢蠢欲动，蚕食一样的向我边区骚扰和进攻。仲炳炎向河村、毛桥、新塘口一带推进，吴天信向庙前、沈市、周泾口、陆家市一带掳掠，罗大有、侯永良、乐三乐四向窑镇、任阳、石牌、李市一带侵犯，赵北由辛庄逐渐向东。当时形成了我们东西应付南北奔走，实有计穷力尽之感，非但要应付外来的压力，而且还要防范各土霸王和它们勾结，与敌伪土匪里应外合。像徐市的陈震寰，表面敷衍得很好，但他处处反对江抗、民抗，徒子徒孙在外公开的、秘密的破坏抗战工作，积粮敛钱；另方面，处心积虑地建立部队，扩大力量；一味梦想恢复其旧有势力。挂名的徐市常备队，就为陈个人的生财机关，暗中联络鲁恒东，无形中吴市、徐市、张市、东福市、归市完全操在他手中。民抗第二大队长周嘉禄，不能耐苦，从前线逃回来，带了四枝驳壳枪，把所有开小差回来的一班家伙集合在一起，组成一个莫明其妙的队伍，出没于唐市、横泾、萧泾、陆巷一带，明捐暗抢，使得一般人民，仍回到黑暗生活中挨度。胡肇汉把余留下来的枪枝，与前方逃回来的人，也同样的恢复其原状，盘据阳澄湖。两个人时常互相勾结往来，暗杀我工作同志，其破坏江抗民抗，破坏东路的统一战线，可说是无孔不入，无微不至。那时，强学增、杨忠也公开叛变，非独捕杀我工作人员，甚至同情江抗者亦遭惨杀。东路形势很快地重新走入极困难极恶劣的环境中去，也可说是东路人民抗战情绪转回到低落阶段，抗战力量更为脆弱的一个时期！

当时客观形势是这样，主观力量怎样呢？可怜得很！为了应付这个局面起见，把所有地方的力量全部集中，开往西乡。而顽固派又利用合法的命令，阻止我们东归，他们妄想不但恢复其原有地区，而且要把江抗、民抗运动区域控制起来，进行他们的鱼肉人民，大发他们的国难财〈的〉倒退企图。所以，我们只能在西面活动，百般辛苦困难，实在一言难尽！东面呢，真是乌烟瘴气，淹得人民呼吸都困难。我们所余留下来的，只有二百左右枪枝，民抗队部的警卫班十余人，常备队三十余人，以及江抗受伤的患病的同志五六十人，应付这样大的局面，哪里能够支持，顾此失彼，左右为难。但我们为了挽救东路的抗战局面，在党的坚决正确的领导下，毅然不顾一切，埋头苦干。梅李土匪下乡骚扰，即被常备队警卫班合并成一个，速即给他一个迎头痛击，闻风披靡。这是由于每个同志英勇果敢，抱定“事在人为”的信心，造成这次主力部队西撤后的第一个胜利。但这一点并未造成我们在军事上的优势。忽而梅北仲炳炎、赵培德也来进犯河村、周行桥、任阳、石牌，帮匪时刻不停对我滋扰。仲炳炎、赵培德经常到河村、周行桥一带掳掠，吴天信、张梦芳匪部亦乘势阴谋进攻，占领碧溪市、周泾口、庙前、赵家市、小市，准备两路包围徐市，从沈市再进迫董浜，从小市进迫归市、吴市，步步进迫，造成了沈市大战，我方虽没有多大损失，而很好的干部张运□同志，为坚持东路抗战而牺牲了。这次所以能够造成大规模的战斗，部队在斗争中提高了群众的抗日情绪，自己的力量在斗争中一天天的扩大，病院里受伤的患病的指战员一天天恢复归队了；作战技术纯熟，优良的配合，英勇果敢的抗战热忱，斗争情绪的百倍提高，数量虽小，质量已经成了钢铁一样的坚强。自沈市大战后，整个东路区域的情形逐渐缓和了起来。

一般老百姓呢？在部队西撤时都兴高采烈地欢送他们。每个群众都能了解：江抗的西进是为了整个抗战前途，为着东路一千万人民的自由前途的幸福计，欢呼沸腾，母亲祝言，妻子赠语，丝毫没有一点怜惜或表现出情感上的留恋。每个家属在队伍临行时，都歌颂着早日回来，继续扫荡残匪，打击敌伪，保卫东路，并且他们都晓得要真正保卫东路，必须把东路的蛀虫和败类彻底消灭，才能收到效果。那时抗日的情绪可说高涨到极点，地方的组织广泛普遍，每个角落都有严密的组织，敌探匪伪休想踏进一步。但是，一天天地过下去，估计部队西进差不多一个月就可以完成任务，哪里晓得西撤的江抗在重重的包围之下呢？！所以，一般老百姓不晓得底蕴，只感到失望，由失望而消极动摇。好的是那时的地方工作〈干部〉，能艰苦，能深入，完全表现了布尔什维克的刻苦耐劳的精神。部队一天天扩大，病员每个都痊愈，又编了一个连，就把每个地区放一个连，群众的情绪格外稳定了下来，因为土匪是不堪一击的。尤其击败溃散重行集合，更为乌合之众，不打击它的时候，凶得要命，给它一个小小的打击，又不敢多动，所以，经过二次战斗胜利，土匪的硝烟便削弱下去了。

那时，我们的方针是争取时间，积极培养新生力量。自从经过两次给土匪、倒退残余势力打击后，虽然放松了经济，但政治一点不退让。我们抓紧政治影响，扩大政治影响，便利我们的发展，直待到江抗东路司令部的成立，才日渐采取坚硬的态度，运用着统一战线的原则，与各个进行谈判军事、政治前途，这是第一个阶段。

二

东路的形势在抗战上有极大的重要性，江抗既然不能东进，为着抗战的需要，不得不尽量的支持。大家都能了解上海是一个国际性市场，凭欧洲帝国主义战争到怎样地步，国际性还是存在着；另方面，在军事上讲来，敌人在苏浙皖，上海也是敌人重要根据地之一，经济尤其是〈以〉上海为重心。东路是上海的外围，现在又是南京伪政府的外围线，所以，党决定东路不论有多少困难，而东路抗战却要全力支持。部队既然不能东进，乃抽调干部归来筹划开展工作。民抗调动杨浩庐、陈岳章二同志，于十月中回来，决定组织东路司令部，使得工作在有计划、有秩序的统一指挥下，易开展起来和取得与各方面的密切的联系。民抗就由东路司令部领导（详细情形，请看《大众报》“东路一周年纪念特刊”）。当由江抗指挥部参谋，患病没有西进，留在东边的人称巧妙灵活的夏光同志担任司令，杨浩庐同志担任政治部主任兼副司令，为着不愿放弃一般地方领袖，极力解释和争取它们继续走上抗战的道路，共同为着革命的任务，绝对地执行了统一战线，所以再决定胡肇汉为副司令，周嘉禄为参谋长，殷玉如为原来江抗指挥部直接委任第二大队长，陈岳章担任教导员。决定了，很快地于十一月六日，在唐市附近成立了江南抗日救国军东路司令部，总共人数不到六十人。

怎样委〈任〉起周嘉禄为参谋长，胡肇汉为副司令呢？可说都是由夏光同志待人接物的成功，同时，英雄色彩，一味想做高级领袖或地方土霸王的周、胡，正在为着部队跟随江抗西进去了的而苦闷，处心积虑地到处设法武装，自然听到这样一个喜讯，哪有不融融自乐的就职吗？一个范围限于阳澄湖的游棍，一跃而为东路的副司令；一个只限于唐市、横泾一角的小流氓，做梦也没有想到这样的高，就〈被〉配为筹备东路的参谋长，于是在东路司令部成立的那天，两个家伙有同一的表现：笑逐颜开，夸大吹牛，军阀式的作风，官僚样的架子，一望而知两人是同一的口是心非者。

开始时，两个人都表现得很好，但经过几次和敌伪的斗争，稍为长途的夜行军，物质条件差，真像树叶经不起寒风一样不耐苦地凋谢。平日生活，烟属上等烟，麻雀三圈四圈的玩玩，哪里能够抵当得住脚跟不着地地披星戴月、卧薪尝胆地艰苦奋斗，终于请假了，并提出经济上的要求，给他到上海去休息，胡不敢和我们配合了，提出阳澄湖的重要性，我们都晓得他们的前途，也晓得当时他们提出要求的动机，所以一律给以所请。这是江抗东路司令部过程中很简略的一段，为着问题只限于民抗，因而不把它过于噜嗦和详细。

东路司令部成立，民抗由东路领导，在无形中好象划分着，xx由民抗负责，xx由东路负责（其实只带一个连的兵力），民抗的负责决定由我，李建模同志担任政治部主任，薛惠民同志担任参谋长。更其可怜，三个人大家都不懂得军事，为着工作的需要，不管三七二十一地担任起来。李建模同志主要的是负责管理地方一切的组织工作，把过去的财务委员会、教育委员会，开始重新整理，扩大为税收和建设，并把财务委员会改为经济委员会，进行合作社组织，建立工商管理，举办食粮调节；教育方面，开设师资训练，普遍儿童教育，开设成人识字班，各校定期会议，提高教师政治文化水准；群众方面，积极开展自卫队，各区建立常备队，青年、妇女、职工、农民，各个抗日职业的汇合，把过去一片散沙，聚拢起来，根据发动全民动员抗战的原则来进行。

部队方面，真滑稽，又不像行政机构，也不是单纯性的军队。大家都认为江抗东路是专门打鬼子的，民抗是专门管理地方、打击土匪的，尤其是在现在群众里面。所以，江抗除做统一战线工作外，只在部队方面的发展教育管理，灵活运用游击战术，帮助宣传工作，其他地方噜苏事情一点也没有。民抗那就不同，真像顾复生同志所说的"百管百搭"。当时形成了一个总管的机构，从夫妇相骂起，盗贼、田地纠纷、婚姻问题、财产纠纷、烟赌、民事的、刑事的，一直到同敌伪土匪斗争为止，犯人都是一大串，一天到晚忙于事务，部队的教育管理放松了。同时，因为干部的缺乏，工作经验的不够，虽然部队扩大了，量也增加了，但是不巩固、不健全。游击习气的浓厚，战斗力的衰弱，充分地表现在那一个时间里。

环境比第一阶段好一点，但还是风雨飘摇，一个不到一百人的连，况且各方面领导方面的缺陷，不能成为钢铁一样坚强，应付感到非常吃力，和敌人力量对比，不到百分之二十，因为当时土匪虽经主力击溃，四周集合起来还有七、八百人，我们指战员一共不到二百人，由于他们内部的不团结，时常发生利益的矛盾，对我们的开展非常有利，就是有时进攻我们，也是个别的，经过一次威力的袭击或正面的打击，大都感到害怕我们，所以两个部队，支持了两个县的区域。

东南的土匪（包括浒浦、北新闸、直塘、任阳）气焰消沉下去了，因为他们只是零星的，容易应付。不料在这样一个短短时间里，引起了赵北的眼红，顽固分子的垂涎，认为他今天的力量和我们对比，单他一个部队，就已超过了五倍以上。县政府呢？很客气的挂着统一战线的招牌，利用着合法的机关，威胁利诱双管齐下，准备每区设区公所，恢复旧有保甲制度，教委会合并县教育科，统筹合作。民抗与县政府常备队合并，统一名称，我们担任训练。甜言蜜语，想不费一点力量完全接收过去。表面上和我们这样谈判，并提出将力量合并一同解决赵北，但是，暗里促动赵北用军事力量向我进攻，并声言到徐市、董浜等区域恢复过去六梯团的原有规模，各区人选马上派出。县政府区公所第一道命令恢复旧有保甲制度，第二道命令接收五项税收，继续地提出要求设立常熟县政府与区公署于董浜，信到人也到，架起了电话，很明显的，这不是行署，完全是一个特务机关。这时工作上犯了一个很重大的错误，对每个问题没有全面性了解与估计，同时工作魄力不够，虽然主观力量薄弱，但是向外发展的心可说没有，老是守着一个区域，并且处处地方表现出迁就，因而造成了他们得寸进尺。果真赵北一次二次地过来，按步逐渐深入，后来竟把第三支队从西面直窜到任阳、石牌，奸淫掳掠，杀人放火，无所不为，弄得人民叫苦连天。并公开张贴布告，反对江抗、民抗，逮捕江抗、民抗工作人员，屠杀积极抗战群众，“三十二集团军”那个委任，怎样性质？到今天它临消灭的时候，还不十分了解，或者是三战区直接委任，只知道它有上述的表现。

这一次的事变中，激动了遭受飞来横祸的一般群众，在群情激昂之下，苏州县也开始建立了常备队，实行自卫政策，开展反敌伪及土匪斗争。常熟的民抗也跟着一天天壮大起来，又将一个连送到江抗独立第二大队殷玉如处，一个连编到东路指挥部直属连，主力扩大了。但当时所采取的方针，还是极力争取时间和开展统一战线的工作，还时常表现出迁就。但是，他们看清我们的弱点，更阴谋地向我进攻，表面上比从前和气，暗底里百倍积极迫我。突然地又弄出一个什么江苏省保安司令部，要求民抗改编为三十一团，任天石担任团长。但，忽而赵北，又到横泾，布告上公开地写着“本军奉命配合常熟县政府常备队，集中全力消灭江抗、民抗匪伪，乃因任匪天石，游而不击，搜括民财”等等。这些事实，我们，不，请他们自己来宣布，真是自己酸自己，但一般群众却彻底了解谁是抗战，谁是土匪，谁是保护民众利益，谁是损害了民众利益。

说到他们当时的区公所，除了第五区长黄子云同志外，其余的都是他们的特工人员，所做的工作，不是动员抗战，是破坏抗战，挑拨民众反对组织常备队、自卫会（自卫会还没有进行），离间工作同志的团结，甚至鼓励我们同志开小差。调解民刑纠纷是乱打乱罚，处处为难民运工作，空闲余暇的时候，则打牌吃酒，抽抽鸦片，就算完了他们的心愿任务。

收租的时期又到，敌伪准备下乡，每亩十八元，先收二十七年度，大吹大擂。当时，我们主张收租，但绝对不准敌伪收租，宁愿我们减少，站在抗战的立场，也不应该留给敌伪，或者分利。取得业主的同意，召集几个联席会议，按照当时环境，参酌实际情形，联席会议席上决定每亩价格四元，除掉一元五角救国捐，余皆归入业主收受，自这办法订出后，东区行署即来和我们商谈，须要提高价格，原因是由于三年来业主苦已够尽，物价提高，凭勉强的理由，不经我们同意，促动业主向我们要求增加租格，利用保甲先行召集群众，公布增加意义，最可耻的竟用江抗、民抗的名义向群众解释。敌伪谣言甚嚣尘上，今天绥靖队下乡，明天鬼子来捉。群众受着他们的威胁，形成榜样，那时，全体工作人员经全力贯彻我们的主张，展开广泛的斗争，军事上、政治上的斗争，都很尖锐。结果，一般群众不同情他们，经过一个残酷的斗争，我们取得了胜利，进行收租，按照我们的办法。

一个斗争胜利了，接连又来了一个斗争，赵培德突然地进占何村。第二天，马上开始拉人，强迫收租，斗争方面又转到梅北，敌、伪、土匪积极向我进攻，于是坚决给予打击，马上星夜赶到梅北，在其不防中给予一个很大的教训，击毙了他二十余人。第二天，赵匪联合仲部，向我大举进攻，沿途烧杀，房屋被劫一空。罗大有直窜任阳、石牌、李市一带，一切行动更比以前卑鄙，抢物劫舍，成为公开应做之事，奸淫不消说起，六十三岁的老太被三个匪徒轮奸，惨无人道，残酷已极。那时，唐市常备队只仅三十余人，告急信件一日五、六次，北面还被仲炳炎、赵培德牵制不能移走一步，象梅北袭击赵部，江抗东路不能离开李市一样。接到各方告急文件，各个同志提高勇气，抱定牺牲决心，进行剧烈紧张的军事行动。江抗以另有任务，远走他方，故而只有民抗单枪匹马了。

太仓省四团王士兰，自从江抗东进时帮助打击耿×伪部后，称着时，但自江抗西撤，仍旧恢复抗敌不足、扰民有余的本来面目，强贩洋货，硬卖私盐，换产勒索，烧屁股，烘烧饼（把灶上的锅子全拿掉，人放在灶上，下面慢慢的用柴烧）奇出怪样的刑罚，弄到说出钱在什么地方为止，使得全体太仓人民，怨声载道。这时正想巩固上海外围的敌人，用公开的、秘密的乘势深入东路，开始军事“扫荡”布置，因而鬼子袭击王士兰，没有三次，王部败零不堪，但里边的第三营营长郭曦晨，及政治部主任唐纳民二先生，是个积极优秀的抗日分子，言论态度都从大处着想，极力维持，和我们接近联系。结果，只能把第三营带来了一部分，因为时间关系，我们部队去时，唐纳民先生已遭暗杀，非常痛心！当时最大的缺点，我们发展的信心不够，魄力不够顽强，仍抱着死守老区的观念，否则早到太仓，唐纳民先生也不会遭杀了！

江抗到了太仓去三天，罗部即来，先扰唐市、李市后，第三夜在夜半时过白茆，一直到四三六家桥一带，作空前浩劫，船樯四十余只，老百姓被拉一百余，把附近一带白米糙米，衣物器具，装运一空，没有逃出的女人都被轮奸，积极抗战的都遭杀戳。去了，第二天又来。告急信件又象雪片一样飞来，各方考虑估计下，即派教导队埋伏他的归路，第二连渡过白茆塘，和唐市常备队配合，准备断其归路，把徐市董浜常备队配合了二连一个排作正面战斗。布置就绪，正待晚上出发。胜利虽然没有把握，每个同志充满作战勇气，抱着无限的乐观。

当日一时左右，夏司令、杨主任信来了，说明他们已从太仓回来，得到这样的一个消息，觉得胜利有了把握，因为罗大有这次过来仅不过三百人左右，照他的战斗力，足够应付，于是马上到夏、杨同志处商讨，结果决定，只有坚决地给他打击，使他看到我们不是没有力量，而且不敢胆大妄为。军事上布置，江抗东路司令部的特务连二大队由窑镇到李市、白茆，一连由民抗负责指挥，作正面战斗，决定在白茆会合，沿途搜索，碰着就打，二路包抄，双双把它全部消灭。结果没有实现我们的计划，扑了个空，它已闻声逃去了。

自从这次扑了一个空，防其反袭击的阴谋，乃全部撤退，以作重新讨论应付办法。决定江抗仍回李市一带活动，准备袭击。果真“螳臂挡车，不自量力”，赵北野心不已，觉得罗部力量不够，又派第一支队孙纪福到横泾，一个大队到唐市应援罗部。当时我们部队已到达李市、白茆、唐市中间，使得他们不能取得联系。民抗即从鲇鱼口渡河到达儒家浜一带以作牵制。战斗终于爆发在李市、白茆中间，孙纪福的一大队准备在唐市打我们埋伏，想乘我们磨擦的时候，来个措手不及。不料罗部被我痛击，直追出任阳境外，孙纪福吓得马上就拉回横泾，途中经民抗的袭击，损失又相当大，便即回杨树园。经过这次打击，赵匪怕得自然不敢动弹，江、民抗威名着实提高不少。

这次比较大的斗争以后，一直到红五月林司令来的一个阶段中间，并没有其他大的斗争。阳澄湖阴历元旦的战斗，完全由江抗独立担当的。但大体上说，环境已经缓和下来，主要集中全力整理地方各项工作，扩大部队，注意提高战斗技术。这是第二个阶段。

三

部队的发展，到林司令来的时候，民抗已达三个连一个教导队，江抗三个连，并有xxx常备队，梅南北常备队，苏州县常备队，总共除主力外，常备队人数在二百左右，连主力部队还不能超过一千人。今天在正确的领导下，已成了二十区的双人发展，都是由于红五月后的工作方式方法转变，才能有这样的成就。地方上的各种群众工作，第二阶段中也有了些进步，不过慢得很，不能实现理想的要求。

林司令明白地告诉我们："一九二七年大革命，那时不长征，没有今天的八路军。这就是告诉我们，斗争要积极向外发展，孤守一地，终究会被消灭"。于是策略也改变了，方针、计划都来了个新的决定，部队要绝对纠正过去的畏缩现象，应该从不断的战斗中来发展，使地方工作有系统地组织和推动，把整个区域来个巩固。这样的原则决定了，准备在红五月一日

〈将〉民抗改编江南抗日救国军第一支队，江抗东路改为第二支队，向南向东推进，朝着收复大上海的目标前进！四月二十五日，鬼子伪军经过我们的宿营地。估量了当时的环境和那天敌伪的力量，坚决地执行新的方针，毫无迟疑的开始与敌冲突。战斗结果，敌人伤了在五十以上，我亦伤亡十余名，战斗历八小时之久，也可说民抗大规模的作战的开始，虽然收到的效果不大，已经立刻提高一般同志和群众的情绪。随后一、二天中，部队马上就增加了三十分之二，更证明着只有在斗争中容易发展的方针的正确。

跟随着四月二十五日宫北庙战斗后的青浦、嘉定被“扫荡”的消息传来，敌人进行残酷的烧杀政策，弄得民不聊生，同时积极的向西推进，准备在常熟来个同样的“扫荡”。我们在军事上、政治上都已有了相当的准备，为了要粉碎它这次的大“扫荡”，根据总的方针，只有向前发展，分散敌人注意力，使它没有办法来“扫荡”，因而决定第二支队向东，抄敌人的后路，深入嘉定、太仓，第一支队向西，越苏常公路，向无锡、江阴推进。我们这样的军事行动，就把敌人大“扫荡”的计划无形中粉碎了。在这时期中，工作同志及一般群众，尤其是听到青浦、嘉定的大屠杀，形成了空前的大恐慌，把我们的计划，当作我们逃跑，人民的搬家，工作同志的避而不见，等待事实给他们看了，才了解我们的计划，相信工作的神速，用着一个有力的事实，击破了恐慌的动摇。

民抗已经在向前发展阶段中成了主力，主力需要向前发展，保卫原有区域，巩固原有区域，帮助主力抗战，重又计划建立常备队。从梅北开始，何市、梅南相继地建立，唐市也重行组织，总的负责人由我和薛惠民同志负责，这次比以前更快了，不到两月，已经超过过去民抗一样三个连的人数。

很匆促的时间里，东路最高当局决定代理政权的建立。因为感到三年来的抗战，人民义务尽了不少，生活方面的改善没丝毫得到，大家只顾到前线，没有注意到怎样从稳定中继续动员到前线去工作。根据人民自己卫原则，决定有系统地普遍组织县、区、乡、村、镇的自卫会，来代理政权，达到全民动员的目的。

先由常熟县开始筹备，匆匆忙忙的五天中，就于六月三号举行第一次的筹备会议，接连的两个月筹备时间，于八月三号成立了县自卫会。在这两个月中间，由于群众工作基础的差，完全着重于整个群众工作，对整个的考虑失于恰当，同时干部的调动也很大，工作更不易开展，各个工作同志对这工作过于陌生，不十分了解政权的需要，大都放松了。经过几次的解释，才把这缺点逐渐克服，倒不是更堂先生所说的“把一个政治上不十分坚定成熟的女子放在民政科里做科员”，事实是一个普遍不懂得的现象，甚至部分的负责人有时误解了！

为着主力不断的向前发展，新区域要有大量部队控制，因而把第x支队，第x支队开始建立新的力量，把新民抗改编x支队，继续负担第x支队的在〈日〉常的任务，并且重行计划建立新的常备队，改换过去方式，凭着每个同志的努力，自从“九一八”开始发动起到今天已经收到很大的效果，各区常备队及县的总队都建立了，人数也相当多。至于部队的战斗次数，红五月到今天为止，实在举不胜举，数不胜数。到这里为止，是一个很简略的第三阶段，总的讲起来，也就是民抗的一年来。

四

上述许多情形，很明白地告诉了我们：“中途畏缩就是死路，坚决斗争才能生存”，并且在不断的斗争中发展了我们的力量，挽回了东路的败局。如果那时主力部队西撤，土匪蚕食一样慢慢地试探式地进犯进来，甚至突如其来地烧杀，不断捕捉工作同志。新生的部队又非常脆弱，数量也小得可怜，大批的同志淘汰与开小差，当然，不坚决进行内部的外部的斗争，今天可以肯定地说，什么东西都没有。这是有力的一个经验教训啊！

总之，一年来的民抗，它完全在克服缺点中成长起来，在第二阶段中充分表现着我们观察的不够坚强老练，问题的处理，不够全面性的了解与大胆，在有形无形中处处表现迁就，险些儿成了严重问题。老是守着一方，不想向外，于是工作不能开展。由于每个同志具〈备〉着刻苦耐劳，不屈不挠的大无畏精神的优点，终于支〈撑〉了危局。这里说明了我们党的伟大和策略路线的正确，我们党的布尔什维克精神的无坚不摧的力量。草草的写完了这“一年来的民抗”，这点东西是写实的，因为时间的关系，每段没有去做分析，优点、缺点，希望大家仔细去研究，给我一个指示。

（原载《江南》第3卷第6、7期合刊）

骆何民

骆何民（1913-1948），原名骆家骝，又名骆仲达，江苏江都人，中共党员。1930年加入中国共产党。1932年任共青团上海沪西区委宣传部长、组织部长。1938年任湖南长沙《国民日报》编辑。1939年任衡阳《开明日报》总编辑。1946年在上海从事《文萃》杂志的印刷出版工作。1947年7月因《文萃》杂志社遭破坏后暴露身份，在上海被捕，解来南京，1948年12月牺牲。

总崩溃中的经济紧急措施方案

（1947年2月20日）

在狂风暴雨的金钞物价高涨的浪潮之下，不仅一般人民生活受着严重威胁，弄得惶惶不可终日，而且也直接冲击着政府财政经济的基础，面临着一发不可收拾的政治危机。政府为着挽救本身灭亡，始而以全部特务警察的压力，制伏市场的骚动，继而颁布了经济紧急措施方案，企图用政治的方法，全面管制金融、外汇、物价的活动。这个方案主要部份是：（一）紧缩开支，增开税源，标卖敌产及国营事业。（二）调整外汇率，并取消二月六日公布的出口补助办法。（三）禁止黄金外币买卖，加强金融管制。（四）管制工资、物价、配给民生日用品。以范围言，可说包罗了全部经济的活动，以性质言，全篇充满了战时统制的意味，就是在法令中也不避免“战时”“紧急”“非常时期”一类的字样。从而可以看出目前国内经济已走入经济总崩溃的境界，政府不得不以战时的紧急措置，来作最后的挽救。

这种紧急措施可能挽救目前的经济崩溃吗？我们打算根据方案的内容，逐一加以检讨，自然，因为方案内容包含广泛，其中每一部份是专门问题，如果详细研究，这是本文篇幅所不能许可的事，因此，我们现在只能作一概括的检讨。

（一）竭泽而渔的增税和标卖

方案第一的部份，就是平衡预算。这无异开宗明义就表示政府一切目的还是为了财政的困难。但同时也是公开承认，财政困难收支不符造成了通货膨胀，因为通货膨胀就促进物价暴涨，黄金潮，美金潮都是必然的附带产物。所以要解决物价黄金高潮，首先不能不从平衡预算着手。

还记得在去年六七月间，俞部长曾对参政会声明，在去年上半年从未发行一张新的货币表示政府对财政开支平定物价有确实的把握。其实上半年所以未增发新币，因为政府手有的三个财注，一是黄金，二是敌伪物资，三是国营工厂的棉纱。去年全年支出为五万亿，其中收入为二万亿，而抛售黄金，标卖敌伪物资，及出售棉纱的收入就要占到百分之八十以上。可是下半年这三笔财注已经差不多卖完押光，结果还是发行了三万亿的法币。因为这样，下半年的物价也较上半年高涨得更快。

政府好像一个破落户，收入不够，只好卖家当，但是这次黄金风潮中已经证明中央银行库存黄金无几，敌伪物资剩下的都是卖不掉的东西。棉纱虽然赚钱，然而去年政府手上有大批美汇，可以买便宜美棉，现在外汇合共不到四千万美元，买棉花的本钱已无把握，赚钱更不必谈。这三笔财政收入都靠不大住，而政府今年支出预算为九万亿，实际开支依去年比例三倍计算，廿七万亿绝不可少，所差的廿万亿从什么上面来弥补呢？最安全的自然是借到美债，可是在现在政治情形之下美债愈来愈为可望而不可即。美债借不到，只有发行通货，但增加通货的结果，只有促成物价上涨，增加经济崩溃的速度。政府在无可奈何之中，只好另想办法，一是增加人民负担，二是卖国营事业及剩余物资。在平衡预算这一部份中什么“凡非迫切需要支出，均应缓发，”不过是陪衬的文章。其实，什么是非迫切的开支？在人民的眼光看来，是军事费用，内战支出。但在当局看来，是建设费、教育费。然而军事费用要占支出百分之六十以上，纵然把建设费教育费等项支出一起剔除，收支还是不会相符，政府当然明了这点，所以就企图用增税和标卖的办法来弥补财政的收入。

要明瞭政府对增税渴望的程度，且看当局文告中所说的话：“我国因尚未普遍施用近代会计制度，故所得税与各项直接税之征收，未克显著成效，现在应不求计算之精密，反致旷日持久，而应采迅速有效之征收方法，为因此而或使个人负担，容有加重之处，则为一致拥护政府以达安定经济起见，凡我同胞，均应确认此为增加国家收入平衡国家收支应取之途径，而一致予以遵行”为着内战，人民早已呻吟于征实征兵的痛苦及无数苛捐杂税剥削之下，现在当局又公开要增加税收。但增税的结果，马上就是物价高涨，转而政府开支更加庞大，结果还不是要用发行通货的办法来弥补？财政赤子既无法解决，而人民却又被剥去一层皮肉。

至于标卖的办法，先说敌伪物资，可以卖的早已卖光，剩余物资虽可廉价倾销，但人民购买力已经薄弱万分，绝不是加紧标售，就可强迫人民购买的。国营事业在去年初多少工业界人士要求政府转售民营，但政府看见有利可图，不肯放出，现在弄得无物可卖，才肯松手。可是今年经济情形已与前年不同，办工厂是一件极难赚钱的事，而且原料多半依靠外国的工厂，在去年外汇率比较稳定时，还算可以赚钱，可是在新汇率规定以后，情形就不能预料。所以国营事业到现在才来标卖，有无雇主颇成问题，这是一；再则，在方案中对标卖国营事业的一条中还有一项规定，“凡国营事业除属于重工业及确有显著特殊情形必需政府经营者外，应即分别缓急，以发行股票方式，公开出卖，或售予民营。”什么叫做特殊的情形？是不是赚的钱国营的事业就不卖，就属于特殊情形？这是二；再则即使赚钱的也一齐标卖，但是“以发行股票方式”，而不是澈底标卖，这极可能为有关的官僚资本捷足先得，抢先买去大部份的控制股份，其余少数的公开出售，出了钱给他办厂，股东不能问事，试问天下有这样的傻瓜么？

总之政府为财政赤字痛苦不堪，不得不采取杀鸡取蛋，竭泽而渔的办法来加紧剥削人民，卖光财产，这是政府穷急跳墙的办法。

（二）对美屈服的调整汇率

政府在二月六日做了一件胆大妄为的事，连美国招呼也不打一声，就以出口津贴进口附加的办法，变相的调整外汇，可是美国一点也不客气，美驻沪总领事立刻声明要考虑实行一九三〇年关税条例，增加中国货入口税，美国务院发言人也公开声明中国经济危机极为严重，但中国事要中国自己解决。左右两记耳光，原来企图同美国撒娇的中国政府被打得走头［投］无路。而国内的物价汇价也随着出口补贴办法而猛涨，使出口物品仍然无法出口，又是给政府当心一拳。在走头［投］无路的情形之下，政府只得向美国低头，请美国大使馆派员参加这次新方案的草拟，由美国顾问的结果，方案内对美汇价格来了一个调整，由三三五〇一跳而为一二〇〇〇，增加了三倍以上。

这种对美国屈服同时也是对投机者屈服的外汇调整原属可耻之至的表现政府的无能，一个刚颁布的办法十天之内，又在外国黑市压迫下取消，这种举措无定朝令夕改的怆惶状态，不充分表现政府已是病重万分，乱投医吗？

在普通的情形之下，美汇提高，不失为鼓励出口的一条大道，可是现在人民所看到只是法币跌价，美汇提高一次，国内物价就跟着暴涨一次，美汇率刚提到一二〇〇〇，立刻进口出口物品就引起极大波动，转瞬间出口利益又归于乌有，自然，握有黄金在手的大官僚和美国商人是开口笑了，因为这只有增加他们的暴利，他们赚了大钱。正当的出口商人并不希望汇率闪电式的暴涨，他们希望长期的稳定，国内物价才会稳定，出口事业也才能经营。

且举一个例子看看："新汇率对于桐油出口刺激很大。在津贴制度公布以前，中外价格相差百分之五十，津贴百分之一百以后，国内桐油价格高涨百分之五十多，连前差百分之五十，中外价格勉强平衡。此次新汇率又较津贴百分之一百又增加了百分之八十，因此桐油出口若国内价格不增高，当可获利百分之八十左右，但事实上并不可能，因此，昨天市价已由卅六万元增加到四十万元，在津贴制公布以前只有二十二万元

一担。”（见二月十八日大公报）

所以通货膨胀不停，人民对法币愈过愈不能信任，外汇调整一次，就是法币跌价一次，对鼓励贸易的收效极微极微。其结果是黑市美钞率一定存在，而且逼得政府再行改定汇率，这个调整的前途怎样马寅初先生说：“揆诸第一次欧战法国马克的惨况，法币已与之相近了。这次外汇调整是用三，三五〇一跳而为一二，〇〇〇，下次调整说不定会跳到二，四〇〇〇，〇〇〇。”

（三）无可奈何的金钞禁售

方案的第二项是“取缔投机买卖安定金融市场事项”，这内容为禁止黄金买卖，停止美钞流通，加强金融业务管制。黄金自由买卖是宋子文院长得意的而且坚持的政策，他以为可以稳定金价的方法稳定物价，同时可以吸收游资，使法币回笼。但要做到这点，必需通货不增加发行，中央银行金条可以无限供给。但事实上因内战不停，支出增加，只有靠加印钞票，市面上游资一天天增加，而中央银行的仓库也并非取之不竭的聚宝盆，于是只好公开承认抛售黄金政策失败，来宣布黄金买卖为投机事业了。

黄金买卖新方案下变为投机事业，美钞也禁止流通，但大量的游资放到那里去。到现在工业普遍不景气之下，如有人再有勇气投到正当事业上面，那么，拥有游资者为了保存币值，还是非买黄金不可。可见黄金投机是因为正当事业无法维持而造成，这是果，而不是因，因此内战不停，法币永远膨胀之下，黄金还是保存币值最好的手段，美钞也绝无停止买卖的可能，于是黄金黑市终于存在。同样的原因，美钞也必然仍然在市场流通。

此外，在走私情形不能改善的状况之下，因为进口准许证不易到手，故进口生意必须在黑市购买黄金美钞，运到国外或香港去购货走私进口，那么黄金美钞仍然是有广大的需要，谁会将手上的黄金美钞卖给中央银行？至于缉私，在目前政治状况及内战扩大的情形之下，政府又缺乏这种力量，岂但缉私没有力量，就是黄金美钞拥有者果真把全部金钞卖给央行，央行又有这种力量承受吗？其结果又得发行大量的法币。

政府大概也明白金钞黑市绝对不能禁绝，因此规定另一办法，就是不许报纸杂志以任何方式发表金钞黑市价格，但是投机家的消息并不依靠报纸而来，他们的消息比报纸记者灵通得多，而一般市民，他们在柴米油盐涨价中，就切实感到法币不值钱到什么地步，不先制止通币澎［膨］涨［胀］，而忙于封锁新闻，这无异是掩耳盗铃的办法！

政府更规定“中国人民或团体有外汇存在外国者，应向政府申报，由政府收买”这个主张在战时不知在参政会提过若干次，然而都给宋、孔、俞用外交上有困难的口实阻碍了。现在政府居然肯应用这个方法，自然是一个进步。但是大公报说得好，“政府如若要贯澈此项措施，实不能等待‘自行申报’，应该向美国政府及若干南美国家调取华人存款清单，而即交涉将此项存款引渡。只要有决心，是能办得到的。只怕多数是豪门资本，或竟无人执行，或执行而以‘查无实据’回报，那就落空了。”

在方案的附件管制金融办法中，规定在五千万以上放款需四联总处核准，五千万这对工业有何补助，已是微不足道，但这微不足道的数目，还得四联总处核准，工业界从此不要再企望国家银行的帮助，反之央行提高各行庄的存款比例，从行庄手里抓进筹码，逼得行庄高价买进的金条，在结账时不得不低价卖给央行，因而方案颁布后，各行庄头寸奇缺，银根太紧，也许最近会有若干行庄因此倒闭，真正的金融恐慌，就在这上面爆发出来。

（四）制造纠纷的物价管制

物价工价所以上涨，完全是通货膨胀的结果，这是谁都明白的事。然而政府正如对付黄金一样，硬要倒因为果，不从抑止发行通货着手，硬要压制物价和工价。

然而物价果能制止得住吗？我们且看今年必需增发通货究有多少？今年预算支出为九万亿，决算以三倍计算，为廿七万亿，收入仅为七万亿，却相差廿万亿，需要用增加法币发行来弥补，法币增加的结果，物价当然要涨，但物价涨的倍数可不是法币涨的倍数。拿去年为例，前年冬，法币发行额一万亿，去年底增加了三万一千亿，增加到前年百分之三百。去年冬和前年冬比较，物价涨了十二倍，这说明当通货增加百分之百时，物价便上涨百分之四百。通货膨涨［胀］一倍，物价上涨三倍。因此，今年如果发行额共为廿四万亿，今年冬物价便要是今年春的廿倍左右。在这样物价非涨不可的趋势之下，不去停止内战，停止通货膨胀，而去管制物价，岂非火上浇油？这样势必至工厂不能生产，商人宁愿囤货，反而更加促进物价的上涨了。

就由技术言，要管制物价，必需是工业集中的国家，政府确能控制主要的日用物资，在政治上要行政效率优良，而且必需实行全面管制。这样才会收到管制物价的效果。现在政府除了棉纱布匹及征实的赋谷以外，其他一无所有，而且这些东西，主要还要供给军用，所以可以说是先天失调，供给日用品必至成为空话。以言全面管制，中国经济不集中，而且门户大开，也是空话。但局部管制（政府此次方案中只望如此），指定一二地实行限价，这在战时后方也实行过，结果是物资逃避。以最近例子来说，上海米价议价比产地价格低，结果米粮来源断绝，猛涨到廿万一石还无米可买。

此外，政治机构的腐败无能，一切管制政策只有变为不肖官吏营私舞弊敲诈的法宝。所有这一切缺点，战时的统制政策已暴露无遗，难道现在还会改进多少？最滑稽的，当局一面宣布严格管制物价，一面又公言“各项公用事业如政府继续贴补，则预算无法维持，故此后应酌予合理增加。”那么，民营事业不许涨，公营事业的邮、电、交通准备涨，公营事业领导涨价，岂不是自己打自己喊叫管制物价的嘴巴？

除了限制物价之外，更要限制工价，方案内规定：“各指定职工之薪工，按生活指数计算者，应以本年一月份之生活指数为最高指数，亦不得以任何方式增加底薪”。这一项的规定可说是不管工人小职员薪水阶级死活的办法。我们知道，去年自规定薪工依生活指数发给以后，随着物价怎么涨，虽然市府生活指数已不可靠，但究竟一年来工潮没有发生，就是年关闹年赏问题，也是看盈利的情形而决定成数，可见得工人绝不会无理要求增加工资的。但是这个方案颁布以后，不管物价涨到什么程度，生活指数只能死钉在一月份的生活指数上，这是任何国家所没有的事。虽然政府准备发给实物，但这点还没有做到以前，何以先来个硬性的规定？看吧，政府在工潮中投了一颗炸弹，今年的工潮一定会有燎原不可收拾的趋势！

（五）结论

我们的结论是什么呢？就是政府为着要实行内战，已经推翻一切安定经济的经济原则与原理，硬要把人民的一切经济生活放在铁腕管理之下，他的目的是为了减少战争赤字支出，减少通货膨涨［胀］，避免经济总危机引起的政治的总危机。然而战不停，只有通货膨涨［胀］，物价上涨［胀］，一切对外贸易商业工业还是无法进行，而工资日用品管制的结果，更激起人民激怒和仇恨，历史上一切统治者在其垂危病重的时候，总要乱开药方，来挽救死亡，但那一个历史上的暴君因此获得挽救的呢？

（原载《文萃》1947 年第20期）